KB276141

수능영어 1등급 핵심어원 사전 100

Essential Etymology 100

| 목차 |

001 dict (말하다, 말) · 10

002 audi (듣다) · 12

003 vis/vid (보다) · 14

004 scrib/script (쓰다) · 16

005 duc/duct (이끌다) · 18

006 ject (던지다) · 20

007 pend (매달다, 걸다) · 22

008 ced/ceed/cess (가다, 나아가다) · 24

009 vert/vers (돌리다) · 26

010 fer (나르다, 가져가다) · 28

011 mit/miss (보내다) · 30

012 port (나르다, 운반하다) · 32

013 pel/puls (몰다, 밀다) · 34

014 spect (보다) · 36

015 fac/fact/fect (만들다, 행하다) · 38

016 struct (세우다, 만들다) · 40

017 ten/tain/tin (붙잡다, 유지하다) · 42

018 cept/cap/cip (잡다, 취하다) · 44

019 clude/clus (닫다) · 46

020 grad/gress (걸어가다) · 48

021 log/logue (말하다, 말) · 50

022 volv/volu (돌다, 말다) · 52

023 voc/vok (부르다) · 54

024 secu/sequ (따르다) · 56

025 pos/pon (두다, 놓다) · 58

026 cide (죽이다) · 60

027 vac (비우다) · 62

028 chron (시간) · 64

029 cred (믿다) · 66

030 therm (열) · 68

031 phil (사랑하다) · 70

032 morph (형태, 형상) · 72

033 rupt (깨다, 터뜨리다) · 74

034 tang/tact (접촉하다) · 76

035 ven/vent (오다) · 78

036 labor (일하다, 노력하다) · 80

037　bio (생명) ·82

038　geo (땅, 지구) ·84

039　meter/metr (측정) ·86

040　tract (끌다, 끌어당기다) ·88

041　spir (숨, 호흡하다) ·90

042　clin (기울다) ·92

043　dom (집, 지배) ·94

044　flor (꽃) ·96

045　liber (자유) ·98

046　mar (바다) ·100

047　path (감정, 고통) ·102

048　rect (똑바르다, 바르게 하다) ·104

049　sci (알다) ·106

050　sign (표시, 신호) ·108

051　stat/stit (서다, 세우다) ·110

052　manu (손) ·112

053　simil/simul (같은, 유사한) ·114

054　dyn (힘, 권력) ·116

055　gen (태어나다, 발생하다) ·118

056　lingu (언어) ·120

057 tort (비틀다) · 122

058 secare (자르다) · 124

059 mod (방식, 기준) · 126

060 nom/nym (이름) · 128

061 corp (몸, 신체) · 130

062 tend/tens/tent (뻗다, 팽팽하게 하다) · 132

063 aqua (물) · 134

064 agri/agr (밭, 농업) · 136

065 mem (기억하다) · 138

066 lect/leg (선택하다, 읽다) · 140

067 mot/mov (움직이다) · 142

068 fid (믿다) · 144

069 claim/clam (외치다) · 146

070 frag/fract (부수다) · 148

071 equ (같은, 공정한) · 150

072 cent (백, 100) · 152

073 ann/enn (해, 해마다) · 154

074 ambi (양쪽의) · 156

075 hydr (물, 수분) · 158

076 tele (멀리, 먼 거리) · 160

077 theo (신, 신에 관한) · 162

078 cracy/crat (지배, 통치) · 164

079 anthrop (인간) · 166

080 terra (땅, 지구) · 168

081 aster/astro (별) · 170

082 photo (빛) · 172

083 bene (좋은, 선한) · 174

084 brev (짧은) · 176

085 press (누르다) · 178

086 sol (태양) · 180

087 dorm (잠자다) · 182

088 flu/flux (흐르다) · 184

089 graph/gram (쓰기, 기록) · 186

090 form (형태, 형성하다) · 188

091 bell (전쟁) · 190

092 luna (달) · 192

093 cand (빛나다) · 194

094 rupt (깨다, 터뜨리다) · 196

095 min (작은) · 198

096 nat/nasc (태어나다) · 200

097 luc/lum/lus (빛) · 202

098 mand (명령하다) · 204

099 dem (사람들) · 206

100 ignis (불) · 208

1. dict (말하다, 말)

라틴어 어원: dicere [디케레] = to say, speak
→ 말하다, 표현하다, 선언하다 등의 의미로 확장

---

predict[프리딕트] v. 예측하다
어원 미리(pre) + 말하다(dict) → 미리 말하다 → 예측하다

- People can't predict the future with certainty.

사람들은 미래를 확실히 예측할 수 없다.

verdict[벌딕트] n. 평결, 판단
어원 진실(ver) + 말하다(dict) → 진실에 대해 말하다 → 평결, 판단

- The jury delivered a unanimous verdict of guilty.

배심원단은 만장일치로 유죄라는 평결을 내렸다.

dictate[딕테이트] v. 지시하다, 명령하다
어원 말하다(dict) + 행위(-ate) → 강하게 말하는 행위 → 지시하다, 명령하다

- His pride dictated his every decision.

그의 자존심이 그의 모든 결정을 지시했다.

Q1. Scientists cannot ______________ with absolute certainty when the next earthquake will occur.
과학자들은 다음 지진이 언제 발생할지 절대적인 확실성을 가지고 예측할 수 없다.

① dictate　　② verdict　　③ predict　　④ dictate

Q2. After hearing all the evidence, the jury reached a unanimous ____________ of not guilty.
모든 증거를 들은 후, 배심원단은 만장일치로 무죄 판결에 도달했다.

① dictate　　② verdict　　③ predict　　④ indicate

Q3. His ambition ____________ every decision he made in his career.
그의 야망은 그가 경력에서 내린 모든 결정을 좌우했다.

① predicted　　② dictated　　③ indicated　　④ verdict

2. audi (듣다)

라틴어 어원: audire [아우디레] = to hear
→ 듣다, 청취하다, 주의를 기울이다 등의 의미로 확장

auditorium [오디토리엄] n. 강당, 청중석
어원 듣다(aud) + 장소(-orium) → 듣는 장소 → 강당, 청중석

· The students gathered in the auditorium for the assembly.

학생들은 조회를 위해 강당에 모였다.

audible[오더블] adj. 들을 수 있는
어원 듣다(aud) + 할 수 있는(-ible) → 들을 수 있는

• Her whisper was barely audible across the crowded room.

그녀의 속삭임은 사람들로 붐비는 방 너머로 거의 들리지 않았다.

audience[오디언스] n. 청중, 관객
어원 듣다(aud) + 사람들(-ience) → 듣는 사람들 → 청중

• The audience erupted in applause at the end of the performance.

관객들은 공연이 끝날 때 박수갈채로 터져 나왔다.

Q1. The concert hall's ＿＿＿＿＿＿＿ was packed with music lovers eager to hear the symphony.

그 콘서트홀의 강당은 교향곡을 듣고 싶어하는 음악 애호가들로 가득 찼다.

① stadium　② auditorium　③ gymnasium　④ planetarium

Q2. The teacher's voice was barely ＿＿＿＿＿＿＿ over the noise of the construction work outside.

선생님의 목소리는 밖의 공사 소음 때문에 거의 들리지 않았다.

① visible　② credible　③ audible　④ terrible

Q3. The comedian's jokes had the entire ＿＿＿＿＿＿ laughing throughout the show.

그 코미디언의 농담은 쇼 내내 모든 관객들을 웃게 만들었다.

① audio　② audience　③ audition　④ audit

3. vis/vid (보다)

라틴어 어원: videre [비데레] = to see
→ 보다, 인식하다, 목격하다 등의 의미로 확장

---

envision[인비전] v. 상상하다
어원 안에(en) + 보다(vis) + 행위(-ion) → 마음 안에서 보는 행위

→ 상상하다

- The architect envisioned a building that would blend with the natural landscape.

그 건축가는 자연 경관과 조화를 이루는 건물을 구상했다.

improvise[임프러바이즈] v. 즉흥적으로 하다
어원 아니다(im) + 미리(pro) + 보다(vis) + 행위(-e) → 미리 보지 않고 행하는 것 → 즉흥적으로 하다

- The jazz musician's ability to improvise created magical moments during the concert.

그 재즈 음악가의 즉흥 연주 능력이 콘서트 중 마법 같은 순간들을 만들어냈다.

invisible[인비저블] adj. 보이지 않는
어원 아니다(in) + 보다(vis) + 할 수 있는(-ible) → 볼 수 없는 → 보이지 않는

- The ultraviolet rays of the sun are invisible but can damage your skin.

태양의 자외선은 보이지 않지만 피부에 손상을 줄 수 있다.

Q1. The architect could clearly ____________ the final design in his mind.

그 건축가는 마음속으로 최종 설계를 선명하게 상상할 수 있었다.

① improvise　② envision　③ revise　④ terminate

Q2. The comedian had to ____________ a joke when he forgot the script.

그 코미디언은 대본을 잊자 즉흥적으로 농담을 해야 했다.

① improvise　② envision　③ revise　④ visualize

Q3. Ultraviolet rays are ____________ to the naked eye.

자외선은 육안으로는 보이지 않는다.

① improvise　② invisible　③ envision　④ visible

4. scrib/script (쓰다)

라틴어 어원: scribere [스크리베레] = to write
→ 쓰다, 기록하다, 작성하다 등의 의미로 확장

inscribe[인스크라이브] v. 새기다

어원 안에(in) 쓰다(scribe) → 새기다

• The author inscribed a personal message on the first page of the book.

작가는 책의 첫 페이지에 개인적인 메시지를 써넣었다.

transcribe[트랜스크라이브] v. 옮겨 적다

어원 가로질러(trans) + 쓰다(scribe) → 한 형태에서 다른 형태로 옮겨 쓰다 → 옮겨 적다

• The linguist transcribed the ancient text into modern language.

그 언어학자는 고대 텍스트를 현대 언어로 옮겨 적었다.

prescription[프리스크립션] n. 처방전

어원 미리(pre) + 쓰다(script) + 상태(-ion) → 미리 쓰여진 것 → 처방전

• The doctor wrote a prescription for antibiotics to treat the infection.

의사는 감염 치료를 위해 항생제 처방전을 써주었다.

Q1. The author decided to _____________ a personal message on the title page.

작가는 제목 페이지에 개인 메시지를 새기기로 했다.

① inscribe ② transcribe ③ prescribe ④ describe

Q2. The assistant had to __________ the entire conversation into writing.

조수는 전체 대화를 문자로 옮겨야 했다.

① transcribe ② inscribe ③ prescribe ④ describe

Q3. The doctor gave me a(n) ___________ for antibiotics.

의사는 항생제 처방전을 써 주었다.

① transcript ② prescription ③ inscription ④ subscription

5. duc/duct (이끌다)

라틴어 어원: ducere [두케레] = to lead
→ 이끌다, 안내하다, 유도하다 등의 의미로 확장

---

induce[인듀스] v. 유도하다
어원 안으로(in) + 이끌다(duce) → 특정 상태나 행동으로 이끌다 → 유도하다

• The medication can induce drowsiness in some patients.

그 약은 일부 환자들에게 졸음을 유발할 수 있다.

conducive[컨듀시브] adj. 도움이 되는
어원 함께(con) + 이끌다(duc) + 형용사형 어미(-ive) → 함께 이끄는 성질 → 도움이 되는

• A quiet environment is conducive to productive study.
조용한 환경은 생산적인 학습에 도움이 된다.

conduct[컨덕트] v. 수행하다, 지휘하다
어원 함께(con) + 이끌다(duct) → 함께 이끌다 → 수행하다, 지휘하다

• The officer was trained to conduct interviews respectfully.

그 경찰관은 인터뷰를 정중하게 수행하도록 훈련받았다.

QUIZ> 우리말 해석과 일치하도록 빈칸에 알맞은 단어를 고르세요.

Q1. The ad was meant to ______________ people to buy the product.

광고는 사람들을 제품 구매로 유도하기 위한 것이었다.

① induce ② deduce ③ conduct ④ abduct

Q2. The quiet environment was ______________ to concentration.

조용한 환경은 집중에 도움이 되었다.

① conducive ② productive ③ instructive ④ inductive

Q3. The manager had to __________ the interview himself.

그 매니서는 인터뷰를 스스로 수행해야만 했다.

① conduct ② induce ③ deduce ④ abduct

6. ject (던지다)

라틴어 어원: iacere [야케레] = to throw
→ 던지다, 발사하다, 투척하다 등의 의미로 확장

---

project[프러젝트] v. 투사하다, 예측하다
어원 앞으로(pro) + 던지다(ject) → 앞으로 던지다 → 투사하다, 예측하다

- The computer can project the image onto the wall.

그 컴퓨터는 벽에 이미지를 투사할 수 있다.

reject[리젝트] v. 거절하다
어원 뒤로(re) + 던지다(ject) → 뒤로 던지다 → 거절하다

- She rejected the offer without hesitation.

그녀는 주저 없이 그 제안을 거절했다.

object[어브젝트] v. 반대하다
어원 향해(ob) + 던지다(ject) → 반대 의견을 향해 던지다 → 반대하다

- Many citizens objected to the new policy.

많은 시민들이 그 새로운 정책에 반대했다.

Q1. The light can ___________ images onto the screen.
빛은 화면에 이미지를 투사할 수 있다.

① project　② object　③ reject　④ inject

Q2. The manager decided to ___________ the proposal due to its high cost.
관리자는 높은 비용 때문에 그 제안을 거절하기로 결정했다.

① approve　② object　③ reject　④ ignore

Q3. Many residents ___________ to the construction of the new highway.
많은 주민들이 새로운 고속도로 건설에 반대했다.

① objected　② wandered　③ projected　④ responded

7. pend (매달다, 걸다)

라틴어 어원: pendere [펜데레] = to hang
→ 매달다, 걸다, 의존하다 등의 의미로 확장

---

suspend[서스펜드] v. 중단하다
어원 아래에(sus) + 매달다(pend) → 아래에 매달린 채로 멈춰 있는

→ 중단하다

• The university decided to suspend classes due to the severe weather.

대학은 악천후로 인해 수업을 중단하기로 결정했다.

dependent[디펜던트] adj. 의존적인, ~에 달려 있는
어원 아래로(de) + 매달리다(pend) + 상태(-ent) → 아래로 매달린 상태 → 의존적인

• Children are dependent on their parents for support.

아이들은 지원을 위해 그들의 부모에게 의존적이다.

pending[펜딩] adj. 미정의, 보류 중인
어원 매달리다(pend) + 상태(-ing) → 매달려 있는 상태 → 미정의

• The decision is still pending and has not been finalized.

그 결정은 아직 보류 중이며 확정되지 않았다.

Q1. The decision is still ___________ and has not been finalized.

결정은 아직 보류 중이며 확정되지 않았다.

① appendix　② dependent　③ impending　④ pending

Q2. Children are often ___________ on their parents for emotional support.

아이들은 정서적 지원을 위해 종종 부모에게 의존한다.

① dependent　② impending　③ suspended　④ expanded

Q3. The student was ___________ for breaking the rules.

학생은 규칙을 어겨 정학당했다.

① suspended　② appended　③ depended　④ dispensed

8. ced/ceed/cess (가다, 나아가다)

라틴어 어원: cedere [케데레] = to go, yield

→ 가다, 양보하다, 진행하다 등의 의미로 확장

---

precedent[프레서던트] n. 선례

어원 앞서(pre) + 가다(ced) + 상태(-ent) → 앞서 가는 것 → 선례

• The court ruling established an important precedent for future cases.

그 법원 판결은 향후 사건에 대한 중요한 선례를 마련했다.

concede[컨시드] v. 인정하다

어원 함께(con) + 양보하다(cede) → 함께 양보하다 → 인정하다

• The politician reluctantly conceded defeat in the election.

그 정치인은 마지못해 선거에서의 패배를 인정했다.

excessive[익세시브] adj. 과도한

어원 넘어서(ex) + 가다(cess) + 성질(-ive) → 넘어서 가는 성질

→ 과도한

• Excessive consumption of sugar can lead to health problems.

설탕의 과도한 섭취는 건강 문제를 초래할 수 있다.

QUIZ> 우리말 해석과 일치하도록 빈칸에 알맞은 단어를 고르세요.

Q1. The court ruling set a legal ___________ for similar future cases.

그 법원 판결은 유사한 미래 사건들에 대한 법적 선례를 마련했다.

① excess　　② precedent　　③ recession　　④ successor

Q2. The politician finally ___________ that his campaign had failed.

그 정치인은 마침내 자신의 선거운동이 실패했음을 인정했다.

① proceed　　② exceed　　③ concede　　④ precede

Q3. ___________ use of social media can negatively affect your mental health.

소셜 미디어의 과도한 사용은 정신 건강에 부정적인 영향을 줄 수 있다.

① excessive　　② successive　　③ recessive　　④ impressive

9. vert/vers (돌리다)

라틴어 어원: vertere [베르테레] = to turn
→ 돌리다, 전환하다, 방향을 바꾸다 등의 의미로 확장

---

divert[다이버트] v. 전환하다
어원   떨어져(di) + 돌리다(vert) → 다른 방향으로 돌리다 → 전환하다

• The airline had to divert the flight to another airport due to bad weather.

항공사는 악천후로 항공편을 다른 공항으로 돌려야 했다.

adverse[애드버스] adj. 불리한, 부정적인
어원   향하여(ad) + 돌리다(vers) + 상태(-e) → 반대로 향한 상태

→ 불리한, 부정적인

• The economic downturn had an adverse effect on small businesses.

경기 침체는 소규모 사업체에 불리한 영향을 미쳤다.

controversial[컨트러버셜] adj. 논쟁적인
어원   반대로(contra) + 돌리다(vers) + 관련된(-ial) → 의견이 반대

방향으로 돌아가는 → 논쟁적인

• The government's new policy has become highly controversial.

정부의 새 정책은 매우 논쟁적이 되었다.

Q1. The airline had to ___________ the plane due to engine trouble.

항공사는 엔진 문제로 비행기를 다른 방향으로 돌려야 했다.

① convert   ② divert   ③ revert   ④ invert

Q2. The new medication had several __________ effects that patients experienced, including nausea, dizziness, and fatigue.

새로운 약물은 환자들이 경험한 여러 부정적인 효과들이 있었는데, 메스꺼움, 현기증, 그리고 피로감을 포함했다.

① beneficial   ② adverse   ③ neutral   ④ temporary

Q3. His speech on the policy change was quite __________.

그의 정책 변화에 대한 연설은 꽤 논쟁적이었다.

① controversial   ② conventional   ③ conversational   ④ conservation

정답 : Q1. ② divert   Q2. ② adverse   Q3. ① controversial   27

10. fer (나르다, 가져가다)

라틴어 어원: ferre [페레] = to carry, bear

→ 나르다, 운반하다, 견디다 등의 의미로 확장

---

confer[컨퍼] v. 수여하다, 협의하다

어원 함께(con) + 운반하다(fer) → 함께 의견을 나누다 / 함께 무언가를 주다 → 수여하다, 협의하다

• The university will confer honorary degrees on three distinguished alumni.

대학은 세 명의 뛰어난 동문에게 명예 학위를 수여할 것이다.

defer[디퍼] v. 연기하다

어원 멀리(de) + 가져가다(fer) → 나중으로 가져가다 → 연기하다

• The manager decided to defer the meeting until next week.

그 관리자는 회의를 다음 주까지 연기하기로 결정했다.

infer[인퍼] v. 추론하다

어원 안으로(in) + 가져오다(fer) → 정보를 안으로 가져와 결론을 내리다 → 추론하다

• From the evidence, we can infer that the suspect is guilty.

그 증거로 미루어 볼 때 용의자는 유죄임을 추론할 수 있다.

Q1. The committee will ____________ the award at the ceremony.

위원회는 시상식에서 상을 수여할 예정이다.

① confer   ② defer   ③ refer   ④ infer

Q2. The meeting was ________ until next Monday.

회의는 다음 주 월요일로 연기되었다.

① conferred   ② deferred   ③ inferred   ④ referred

Q3. From the context, we can _________ that he was upset.

문맥으로 보아 그는 화가 났다는 것을 추론할 수 있다.

① confer   ② infer   ③ refer   ④ defer

11. mit/miss (보내다)

라틴어 어원: mittere [미테레] = to send

→ 보내다, 전달하다, 방출하다 등의 의미로 확장

emit[이미트] v. 방출하다

어원 밖으로(e) + 보내다(mit) → 밖으로 보내다 → 방출하다

• The machine emits a high-pitched sound when it's turned on.

그 기계는 켜질 때 높은 음의 소리를 방출한다.

transmit[트랜스밋] v. 전송하다

어원 가로질러(trans) + 보내다(mit) → 한 지점에서 다른 지점으로 보내다 → 전송하다

• Radio signals are transmitted through the air.

라디오 신호는 공기를 통해 전송된다.

dismiss[디스미스] v. 해고하다, 해산시키다

어원 떨어뜨려(dis) + 보내다(miss) → 떨어뜨려 보내다 → 해고하다, 해산시키다

• The company dismissed several workers last week.

그 회사는 지난주 몇 명의 직원을 해고했다.

QUIZ> 우리말 해석과 일치하도록 빈칸에 알맞은 단어를 고르세요.

Q1. The machine ___________ a loud beep when overheating.

기계는 과열되면 큰 삐 소리를 내보낸다.

① emit ② dismiss ③ transmit ④ remit

Q2. These antennas are designed to ___________ data over long distances.

이 안테나는 장거리로 데이터를 전송하도록 설계되었다.

① transmit ② transform ③ translate ④ transport ⑤ transcribe

Q3. The manager had to ___________ two interns after the project ended.

매니저는 프로젝트가 끝난 후 두 명의 인턴을 해고해야 했다.

① dismiss ② disrupt ③ displace ④ distract ⑤ discuss

12. port (나르다, 운반하다)

라틴어 어원: portare [포르타레] = to carry
→ 나르다, 운반하다, 이동하다 등의 의미로 확장

---

export[엑스포트] v. 수출하다

어원　밖으로(ex) + 나르다(port) → 밖으로 나르다 → 수출하다

• The country exports cars to many nations around the world.

그 나라는 전 세계 여러 국가에 자동차를 수출한다.

import[임포트] v. 수입하다

어원　안으로(im) + 나르다(port) → 안으로 나르다 → 수입하다

• They import tropical fruits from South America.

그들은 남아메리카에서 열대 과일을 수입한다.

portable[포터블] adj. 휴대 가능한

어원　나르다(port) + 할 수 있는(-able) → 나를 수 있는 → 휴대 가능한

• This portable speaker is perfect for travel.

이 휴대용 스피커는 여행에 적합하다.

Q1. The country plans to ___________ more electronics next year.

그 나라는 내년에 전자 제품 수출을 늘릴 계획이다.

① import ② export ③ transport ④ deport

Q2. Korea has to ___________ most of its oil due to limited resources.

한국은 자원이 부족해 대부분의 석유를 수입해야 한다.

① import ② expor ③ transport ④ deport

Q3. This chair is lightweight and highly __________.

이 의자는 가볍고 매우 휴대가 용이하다.

① portable ② importable ③ exportable ④ reportable

정답 : Q1. ② export Q2. ① import Q3. ① portable

13. pel/puls (몰다, 밀다)

라틴어 어원: pellere [펠레레] = to drive, push
→ 밀다, 추진하다, 강요하다 등의 의미로 확장

compel[컴펠] v. 강요하다
어원 함께(com) + 밀다(pel) → 힘으로 함께 밀어 행동하게 만들다

→ 강요하다

- The threat of violence compelled them to leave.

폭력의 위협은 그들로 하여금 떠나도록 강요했다.

expel[익스펠] v. 추방하다
어원 밖으로(ex) + 밀다(pel) → 밖으로 밀어내다 → 추방하다

- The student was expelled for cheating on the exam.

그 학생은 시험 부정행위로 퇴학당했다.

repulse[리펄스] v. 물리치다
어원 뒤로(re) + 밀다(puls) → 뒤로 밀다 → 물리치다

- The army repulsed the enemy attack.

군대는 적의 공격을 물리쳤다.

QUIZ> 우리말 해석과 일치하도록 빈칸에 알맞은 단어를 고르세요.

Q1. The sense of duty __________ him to act bravely.

의무감이 그로 하여금 용감하게 행동하게 했다.

① expelled ② repulsed ③ compelled ④ appealed

Q2. The school decided to __________ the student after repeated misconduct.

학교는 반복된 비행 끝에 학생을 퇴학시키기로 결정했다.

① compel ② repulse ③ expel ④ propel

Q3. The villagers managed to __________ the invaders.

나을 사람들은 침입자들을 물리치는 데 성공했다.

① repel ② repulse ③ expel ④ compel

14. spect (보다)

라틴어 어원: specere [스페케레] = to look, see
→ 보다, 관찰하다, 검사하다 등의 의미로 확장

inspect[인스펙트] v. 조사하다
어원 안으로(in) 보다(spect) → 자세히 살피다 → 조사하다

- The engineer inspected the bridge for cracks.

그 기술자는 균열을 찾기 위해 다리를 조사했다.

respect[리스펙트] n. 존경 ; v. 존경하다
어원 다시(re) + 보다(spect) → 다시 돌아보다 → 존경(하다)

- You should always show respect to your teachers.

너는 항상 너의 선생님들에게 존경을 보여야 한다.

aspect[애스펙트] n. 측면, 양상
어원 ~을 향해(a/ad) + 보다(spect) → 한 방향으로 보는 것 → 측면, 양상

- We must consider every aspect of the problem.

우리는 그 문제의 모든 측면을 고려해야 한다.

QUIZ> 우리말 해석과 일치하도록 빈칸에 알맞은 단어를 고르세요.

Q1. The inspector came to ___________ the safety of the building.

감독관은 건물의 안전 상태를 점검하러 왔다.

① suspect ② expect ③ inspect ④ respect

Q2. You should always show __________ to your teachers.

너는 항상 선생님에게 존경을 표해야 한다.

① prospect ② respect ③ suspect ④ aspect

Q3. We must consider every _________ of the problem.

우리는 그 문제의 모든 측면을 고려해야 한다.

① prospect ② spectacle ③ aspect ④ respect

15. fac/fact/fect (만들다, 행하다)

라틴어 어원: facere [파케레] = to make, do

→ 만들다, 행하다, 수행하다 등의 의미로 확장

---

manufacture[매뉴팩처] v. 제조하다

어원   손(manu) + 만들다(fact) + 행위(-ure) → 손으로 만드는 행위 → 제조하다

- This factory manufactures mobile phones.

이 공장은 휴대폰을 제조한다.

effect [이펙트] n. 효과, 영향

어원   밖으로(ex) + 행하다(fect) → 밖으로 드러나게 만든 것 → 효과, 영향

- The new law had a positive effect on public health.

새 법은 공중 보건에 긍정적인 영향을 주었다.

affect[어펙트] v. 영향을 미치다

어원   향하여(ad/af) + 행하다(fect) → 무언가를 향해 행하다 → 영향을 미치다

- The weather can affect your mood.

날씨는 너의 기분에 영향을 미칠 수 있다.

Q1. The company plans to ___________ eco-friendly products in their new factory next year.

그 회사는 내년에 새로운 공장에서 친환경 제품을 제조할 계획이다.

① capture　② lecture　③ manufacture　④ adventure

Q2. The new medication had a positive ___________ on the patient's recovery time.

새로운 약물은 환자의 회복 시간에 긍정적인 영향을 미쳤다.

① defect　② effect　③ perfect　④ respect

Q3. The heavy rain will ___________ our plans for the outdoor concert tonight.

폭우가 오늘 밤 야외 콘서트 계획에 영향을 미칠 것이다.

① protect　② reflect　③ affect　④ perfect

정답 : Q1. ③ manufacture　Q2. ② effect　Q3. ③ affect　**39**

16. struct (세우다, 만들다)

라틴어 어원: struere [스트루에레] = to build
→ 세우다, 건설하다, 조직하다 등의 의미로 확장

---

construct[컨스트럭트] v. 건설하다

어원 함께(con) + 세우다(struct) → 함께 세우다 → 건설하다

- **They are constructing a new highway.**

그들은 새로운 고속도로를 건설 중이다.

---

structure [스트럭처] n. 구조, 건물

어원 세우다(struct) + 명사형 접미사(-ure) → 세운 것 → 구조, 건물

- **The structure of the building is designed to resist earthquakes.**

그 건물의 구조는 지진을 견딜 수 있도록 설계되었다.

---

instruct[인스트럭트] v. 지시하다, 가르치다

어원 안에(in) + 세우다(struct) → 마음 안에 지식을 세우다

→ 지시하다, 가르치다

- **The teacher instructed the students to submit the report.**

그 교사는 학생들에게 보고서를 제출하라고 지시했다.

Q1. The workers will ___________ a new bridge across the river next year.

작업자들은 내년에 강을 가로지르는 새로운 다리를 건설할 것이다.

① construct　② destruct　③ obstruct　④ abstract

Q2. The ancient temple's _________ has survived for over a thousand years.

그 고대 사원의 구조물은 천 년 넘게 보존되어 왔다.

① texture　② structure　③ culture　④ nature

Q3. The coach will ___________ the players on proper techniques before the game.

코치는 경기 전에 선수들에게 적절한 기술을 지도할 것이다.

① construct　② obstruct　③ instruct　④ destruct

17. ten/tain/tin (붙잡다, 유지하다)

라틴어 어원: tenere [테네레] = to hold
→ 붙잡다, 유지하다, 지속하다 등의 의미로 확장

---

retain[리테인] v. 유지하다

어원 다시(re) + 붙잡다(tain) → 계속해서 붙잡고 있다 → 유지하다

- You should retain a copy of your receipt.

너는 너의 영수증 사본을 보관해야 한다.

contain[컨테인] v. 포함하다

어원 함께(con) + 붙잡다(tain) → 함께 붙잡고 있다 → 포함하다

- The box contains all the necessary items.

그 상자는 모든 필요한 물건들을 포함하고 있다.

detain[디테인] v. 붙잡아 두다

어원 아래로(de) + 붙잡다(tain) → 아래로 붙잡아 움직이지 못하게 하다 → 붙잡아 두다

- The police detained the suspect for questioning.

경찰은 심문을 위해 용의자를 구금했다.

Q1. He tried to ___________ control of the business.

그는 사업의 통제권을 유지하려고 했다.

① sustain   ② obtain   ③ retain   ④ delegate

Q2. The box can ___________ up to 10 liters of water.

그 상자는 최대 10리터의 물을 담을 수 있다.

① retain   ② contain   ③ detain   ④ entertain

Q3. The police ___________ the suspect for questioning.

경찰은 심문을 위해 용의자를 구금했다.

① retained   ② contained   ③ detained   ④ observed

18. cept/cap/cip (잡다, 취하다)

라틴어 어원: capere [카페레] = to take, seize
→ 잡다, 획득하다, 이해하다 등의 의미로 확장

---

accept[억셉트] v. 받아들이다
어원   쪽으로(ac/ad) + 잡다(cept) → 자신 쪽으로 잡아당기다 → 받아들이다

- She accepted the job offer.

그녀는 그 일자리 제안을 받아들였다.

---

intercept[인터셉트] v. 가로채다
어원   사이에(inter) + 잡다(cept) → 중간에 잡다 → 가로채다

- The police intercepted the smuggled goods.

경찰은 밀수품을 가로챘다.

---

anticipate[앤티서페이트] v. 예상하다
어원   앞으로(anti) + 가져가다(cip) + 행위(-ate) → 미리 앞으로 가져가는 행위 → 예상하다

- We anticipate rain later this afternoon.

우리는 오늘 오후 늦게 비가 올 것을 예상한다.

Q1. She readily ___________ the invitation to the party.
그녀는 파티 초대를 기꺼이 수락했다.

① intercepted   ② accepted   ③ excepted   ④ anticipated

Q2. The defense successfully ___________ the pass during the game.
수비팀은 경기 중 패스를 성공적으로 가로챘다.

① accepted   ② anticipated   ③ intercepted   ④ excepted

Q3. We ________ some delays due to the weather.
우리는 날씨 때문에 약간의 지연을 예상했다.

① participated   ② anticipated   ③ accepted   ④ intercepted

19. clude/clus (닫다)

라틴어 어원: claudere [클라우데레] = to shut, close
→ 닫다, 포함하다, 배제하다 등의 의미로 확장

include[인클루드] v. 포함하다

어원   안에(in) + 닫다(clude) → 안에 넣고 닫다 → 포함하다

• The price includes tax.

그 가격은 세금을 포함한다.

exclude[익스클루드] v. 제외하다

어원   밖으로(ex) + 닫다(clude) → 밖으로 두고 닫다 → 제외하다

• He was excluded from the meeting.

그는 그 회의에서 제외되었다.

conclude[컨클루드] v. 결론짓다, 끝내다

어원   함께(con) + 닫다(clude) → 함께 모든 것을 닫다 → 결론짓다

• We concluded the meeting at 5 p.m.

우리는 오후 5시에 그 회의를 끝냈다.

Q1. The tour package will ___________ hotel and meals.

여행 패키지에는 호텔과 식사가 포함된다.

① exclude　② include　③ conclude　④ preclude

Q2. He felt ___________ from the rest of the group.

그는 집단에서 소외감을 느꼈다.

① included　② concluded　③ excluded　④ involved

Q3. Let's ___________ the meeting with a summary.

회의를 요약으로 마무리합시다.

① exclude　② conclude　③ include　④ exclude

20. grad/gress (걸어가다)

라틴어 어원: gradi [그라디] = to step, go
→ 걷다, 진행하다, 단계적으로 나아가다 등의 의미로 확장

---

graduate[그래쥬에이트] v. 졸업하다

어원 단계(grad) + 행위(-uate) → 단계를 완료하는 행위 → 졸업하다

• She graduated from college last year.

그녀는 작년에 대학을 졸업했다.

---

progress[프로그레스] n. 진전, 발전

어원 앞으로(pro) + 나아가다(gress) → 앞으로 나아가는 것 → 진전, 발전

• They made significant progress on the project.

그들은 그 프로젝트에서 상당한 진전을 이루었다.

---

aggressive[어그레시브] adj. 공격적인

어원 향하다(ag) + 나아가다(gress) + 성향(-ive) → 향해 나아가는 성향 → 공격적인

• He became more aggressive in negotiations.

그는 협상에서 더 공격적이 되었다.

Q1. She hopes to ___________ from college next year.

그녀는 내년에 대학을 졸업하길 바란다.

① degrade　② graduate　③ transgress　④ digress

Q2. The project showed remarkable ___________ over time.

그 프로젝트는 시간에 따라 눈에 띄는 진전을 보였다.

① progress　② process　③ regress　④ congress

Q3. His tone became more _________ during the argument.

그의 말투는 언쟁 도중 점점 더 공격적으로 변했다.

① gradual　② progressive　③ aggressive　④ regressive

정답 : Q1. ② graduate　Q2. ① progress　Q3. ③ aggressive　49

21. log/logue (말하다, 말)

그리스어 어원: logos [로고스] = word, speech, reason
→ 말하다, 이야기하다, 학문 등의 의미로 확장

---

dialogue[다이얼로그] n. 대화

어원　통과하다(dia) + 말하다(log) + 상태(-ue) → 말이 오가는 것 → 대화

• The movie had natural and witty dialogue.

그 영화는 자연스럽고 재치 있는 대화를 담고 있었다.

---

monologue[모놀로그] n. 독백

어원　하나(mono) + 말하다(logue) → 한 사람이 말하는 것 → 독백

• She performed a dramatic monologue on stage.

그녀는 무대에서 극적인 독백을 연기했다.

---

logic[로직] n. 논리

어원　말하다/이성(log) + 관련된(-ic) → 이성적인 사고와 관련된 → 논리

• His argument was based on sound logic.

그의 주장은 건전한 논리에 근거했다.

Q1. The play opens with a dramatic __________ by the main character.

그 연극은 주인공의 극적인 독백으로 시작된다.

① dialogue　② monologue　③ prologue　④ epilogue

Q2. The two politicians engaged in a heated __________.

두 정치인은 뜨거운 대화를 주고받았다.

① dialogue　② monologue　③ prologue　④ epilogue

Q3. His argument lacked clear __________ and reasoning.

그의 주장은 논리성과 추론이 부족했다.

① logic　② apology　③ epilogue　④ chronicle

22. volv/volu (돌다, 말다)

라틴어 어원: volvere [볼베레] = to roll, turn
→ 돌다, 회전하다, 감싸다 등의 의미로 확장

evolve[이볼브] v. 진화하다, 발전하다
어원 밖으로(ex/e) + 돌다(volv) → 안에 있던 것이 밖으로 펼쳐지며 변화하다 → 진화하다, 발전하다

- Species evolve over long periods of time.

생물 종은 오랜 시간에 걸쳐 진화한다.

revolve[리볼브] v. 회전하다
어원 다시(re) + 돌다(volv) → 계속해서 다시 돌다 → 회전하다

- The Earth revolves around the Sun.

지구는 태양 주위를 공전한다.

involve[인볼브] v. 포함하다, 수반하다
어원 안으로(in) + 돌다/말다(volv) → 안으로 감싸 돌다 → 포함하다

- The job involves a lot of travel.

그 일은 많은 여행을 수반한다.

Q1. The story will __________ over several generations.

그 이야기는 여러 세대를 거쳐 전개될 것이다.

① evolve　② revolve　③ devolve　④ involve

Q2. The Earth __________ around the Sun once a year.

지구는 1년에 한 바퀴 태양 주위를 돈다.

① involves　② revolves　③ evolves　④ dissolves

Q3. He didn't want to __________ himself in the argument.

그는 논쟁에 밀려들고 싶지 않았다.

① evolve　② involve　③ revolve　④ resolve

23. voc/vok (부르다)

라틴어 어원: vocare [보카레] = to call

→ 부르다, 소환하다, 초대하다 등의 의미로 확장

---

invoke[인보크] v. (법·신·감정 등을) 불러내다, 적용하다

어원 안으로(in) + 부르다(vok) → 안으로 부르다 → (법·신·감정 등을) 불러내다, 적용하다

- The speech invoked a sense of unity among the people.

그 연설은 사람들 사이에 단결심을 불러일으켰다.

advocate[애드보케이트] v. 옹호하다

어원 ~을 위해(ad) + 부르다(voc) + 행위(-ate) → 누군가를 위해 목소리를 높이다 → 옹호하다

- She advocates for animal rights.

그녀는 동물 권리를 옹호한다.

provoke[프로보크] v. 자극하다, 유발하다

어원 앞으로(pro) + 부르다(vok) → 앞으로 부르다 → 자극하다, 유발하다

- His remarks provoked anger among the audience.

그의 발언은 청중들 사이에서 분노를 유발했다.

Q1. The speech was meant to __________ a sense of national pride.

그 연설은 국민적 자부심을 불러일으키기 위한 것이었다.

① construct   ② purchase   ③ translate   ④ invoke

Q2. She continues to ___________ for environmental protection.

그녀는 환경 보호를 위해 계속 목소리를 내고 있다.

① advocate   ② invoke   ③ provoke   ④ evoke

Q3. His rude comment __________ an angry response.

그의 무례한 발언은 분노 어린 반응을 유발했다.

① adjusted   ② provoked   ③ expressed   ④ processed

24. secu/sequ (따르다)

라틴어 어원: sequi [세퀴] = to follow

→ 따르다, 계승하다, 연속되다 등의 의미로 확장

---

consequence[칸시퀀스] n. 결과

어원 함께(con) + 따르다(sequ) + 상태(-ence) → 함께 따라오는 것

→ 결과

- Every decision has its consequences.

모든 결정에는 그에 따른 결과가 있다.

---

subsequent[섭시퀀트] adj. 그 다음의

어원 아래에(sub) + 따르다(sequ) + 상태(-ent) → 아래에 따라오는

→ 그 다음의

- Subsequent events proved him right.

그 다음 사건들이 그가 옳았음을 증명했다.

---

pursue[펄수] v. 추구하다

어원 철저히(per) + 따르다(sequ) → 철저히 따르다 → 추구하다

- He decided to pursue a career in law.

그는 법조계 경력을 추구하기로 결정했다.

QUIZ> 우리말 해석과 일치하도록 빈칸에 알맞은 단어를 고르세요.

Q1. The accident had serious financial __________.

그 사고는 심각한 재정적 결과를 초래했다.

① sequence　② consequence　③ subsequence　④ prosecution

Q2. The storm and its ____________ floods devastated the town.

폭풍과 그에 따른 홍수가 마을을 황폐하게 만들었다.

① sequence　② consequence　③ subsequent　④ pursue

Q3. He decided to __________ a career in medicine.

그는 의학 분야의 직업을 추구하기로 결심했다.

① pursue　② rescue　③ secure　④ persecute

25. pos/pon (두다, 놓다)

라틴어 어원: ponere [포네레] = to put, place
→ 두다, 배치하다, 제안하다 등의 의미로 확장

expose[익스포즈] v. 드러내다, 노출시키다
어원 밖으로(ex) + 놓다(pos) + 행위(-e) → 밖으로 놓는 행위 → 드러내다, 노출시키다

• The scandal exposed the truth about the company.

그 스캔들은 그 회사에 대한 진실을 드러냈다.

postpone[포스트폰] v. 연기하다
어원 뒤로(post) + 놓다(pon) + 행위(-e) → 뒤로 놓는 행위 → 연기하다

• The meeting was postponed due to rain.

그 회의는 비로 인해 연기되었다.

compose[컴포즈] v. 구성하다, 작곡하다
어원 함께(com) + 놓다(pos) + 행위(-e) → 함께 놓는 행위 → 구성하다, 작곡하다

• He composed music for the film.

그는 그 영화를 위한 음악을 작곡했다.

QUIZ> 우리말 해석과 일치하도록 빈칸에 알맞은 단어를 고르세요.

Q1. The meeting has been __________ due to the storm.

폭풍으로 인해 회의가 연기되었다.

① deposited   ② postponed   ③ disposed   ④ exposed

Q2. The newspaper article helped to ___________ the truth about the scandal.

신문 기사 덕분에 그 스캔들의 진실이 드러났다.

① impose   ② compose   ③ expose   ④ dispose

Q3. The artist will _________ a new symphony this year.

그 예술가는 올해 새로운 교향곡을 작곡할 예정이다.

① compose   ② propose   ③ expose   ④ impose

26. cide (죽이다)

라틴어 어원: caedere [카에데레] = to cut, kill
→ 죽이다, 절단하다, 파괴하다 등의 의미로 확장

---

suicide[수어사이드] n. 자살
어원 자신(sui) + 죽이다(cid) + 상태(-e) → 자신을 죽이는 행위 →
자살

- The novel deals with the issue of suicide.

그 소설은 자살 문제를 다룬다.

---

homicide[호머사이드] n. 살인
어원 사람(homo) + 죽이다(cid) + 상태(-e) → 사람을 죽이는 행위 → 살인

- He was charged with homicide.

그는 살인 혐의로 기소되었다.

---

pesticide[페스티사이드] n. 살충제
어원 해충(pest) + 죽이다(cid) + 물질(-e) → 해충을 죽이는 물질 →
살충제

- Farmers use pesticides to protect crops.

농부들은 작물을 보호하기 위해 살충제를 사용한다.

QUIZ> 우리말 해석과 일치하도록 빈칸에 알맞은 단어를 고르세요.

Q1. The detective investigated the brutal __________.
형사는 잔혹한 살인 사건을 조사했다.

① pesticide   ② homicide   ③ suicide   ④ infanticide

Q2. The farmer used a strong __________ on his crops.
농부는 작물에 강력한 살충제를 사용했다.

① homicide   ② suicide   ③ pesticide   ④ fungicide

Q3. He was depressed and had thoughts of __________.
그는 우울해하며 자살 충동을 느꼈다.

① genocide   ② pesticide   ③ homicide   ④ suicide

27. vac (비우다)

라틴어 어원: vacare [바카레] = to be empty

→ 비우다, 텅 비다, 자유롭게 하다 등의 의미로 확장

---

vacant [베이컨트] adj. 비어 있는, 사람이 없는

어원 비우다(vac) + 형용사형 접미사(-ant) → 비어 있는 상태 → 비어 있는

- The seat next to me was vacant.

내 옆자리는 비어 있었다.

---

vacuum [배큠] n. 진공, 공백

어원 비우다(vac) + 명사형 접미사(-uum) → 완전히 비어 있는 상태 → 진공

- A vacuum cleaner uses suction to clean the floor.

진공 청소기는 바닥을 빨아들여 청소한다.

---

evacuate [이배큐에이트] v. 대피시키다, 비우다

어원 밖으로(e) + 비우다(vac) + 동작 접미사(-uate) → 밖으로 비우다 → 대피하다

- People were ordered to evacuate the building.

사람들은 건물을 대피하라는 명령을 받았다.

Q1. The fire alarm rang loudly, and all employees were told to __________ the office immediately.

화재 경보가 요란하게 울렸고, 모든 직원은 즉시 사무실을 대피하라는 지시를 받았다.

① evacuate ② eliminate ③ decorate ④ imitate

Q2. After the guests checked out, the hotel room remained __________ for several hours.

손님들이 체크아웃한 후, 그 호텔 방은 몇 시간 동안 비어 있었다.

① distant ② pleasant ③ vacant ④ obedient

Q3. A scientist conducted an experiment in a sealed container to create a complete __________.

과학자는 완전한 진공 상태를 만들기 위해 밀폐 용기에서 실험을 수행했다.

① kingdom ② system ③ vacuum ④ boredom

28. chron (시간)

그리스어 어원: chronos [크로노스] = time
→ 시간, 연대, 시대 등의 의미로 확장

---

chronology[크러놀러지] n. 연대기

어원 시간(chrono) + 학문(logy) → 시간에 관한 학문/기록 → 연대기

• The book outlines the chronology of major events.
그 책은 주요 사건들의 연대기를 개괄한다.

synchronize[싱크로나이즈] v. 동기화하다

어원 함께(syn) + 시간(chron) + 만들다(-ize) → 시간을 함께 맞추다
→ 동기화하다

• The dancers synchronized their moves perfectly.
그 무용수들은 그들의 동작을 완벽하게 동기화했다.

anachronism[어나크러니즘] n. 시대착오

어원 잘못된(ana) + 시간(chron) + 상태(-ism) → 잘못된 시간에 놓인
상태 → 시대착오

• The sword in the modern setting was an anachronism.
그 현대적 배경에서의 검은 시대착오였다.

Q1. The book presents a detailed __________ of events.

그 책은 사건들의 자세한 연대기를 제시한다.

① chronology ② biography ③ theology ④ meteorology

Q2. The dancers practiced to __________ their movements.

무용수들은 동작을 일치시키기 위해 연습했다.

① synchronize ② characterize ③ dramatize ④ memorize

Q3. Using a sword in that scene felt like a(n) __________.

그 장면에서 검을 사용하는 건 시대착오처럼 느껴졌다.

① acronym ② anachronism ③ euphemism ④ criticism

29. cred (믿다)

라틴어 어원: credere [크레데레] = to believe

→ 믿다, 신뢰하다, 인정하다 등의 의미로 확장

---

credible[크레더블] adj. 믿을 수 있는

어원 믿다(cred) + 할 수 있는(-ible) → 믿을 수 있는 → 믿을 수 있는

- The witness gave a credible account of the event.

그 목격자는 그 사건에 대한 믿을 만한 설명을 했다.

---

credulous[크레줄러스] adj. 잘 믿는

어원 믿다(cred) + 경향이 있는(-ulous) → 믿는 경향이 있는 → 잘 믿는

- Children are often credulous.

아이들은 종종 잘 믿는다.

---

discredit[디스크레딧] n. 불명예 ; v. 신용을 떨어뜨리다

어원 제거하다(dis) + 믿음(credit) → 믿음을 제거하다 → 신용을 떨어뜨리다

- The scandal discredited the politician.

그 스캔들은 그 정치인의 신용을 떨어뜨렸다.

QUIZ> 우리말 해석과 일치하도록 빈칸에 알맞은 단어를 고르세요.

Q1. She gave a(n) __________ explanation for her absence.
그녀는 결석에 대해 믿을 만한 설명을 했다.

① credulous   ② credible   ③ incredible   ④ credit

Q2. He is too __________; he believes everything he hears.
그는 너무 잘 믿는다. 그는 듣는 것을 다 믿는다.

① credible   ② credulous   ③ creditable   ④ incredible

Q3. The scandal brought __________ to the official.
그 스캔들은 그 공직자의 신뢰를 띨어뜨렸디.

① credibility   ② credit   ③ discredit   ④ accreditation

30. therm (열)

그리스어 어원: thermos [떼르모스] = heat

→ 열, 온도, 가열 등의 의미로 확장

---

thermometer[서마미터] n. 온도계

어원 열(therm) + 측정 도구(-meter) → 열을 측정하는 도구 → 온도계

- The thermometer showed a high fever.

그 온도계는 높은 열을 보여주었다.

---

thermostat[서머스탯] n. 온도 조절기

어원 열(therm) + 고정시키다(-stat) → 열을 일정하게 고정시키는 장치 → 온도 조절기

- The thermostat adjusts the room temperature automatically.

그 온도 조절기는 방 온도를 자동으로 조절한다.

thermal[서멀] adj. 열의, 보온성의

어원 열(therm) + 형용사형 어미(-al) → 열과 관련된 → 열의, 보온성의

- She wore thermal underwear in winter.

그녀는 겨울에 보온 내복을 입었다.

Q1. A __________ is used to measure temperature.

온도계는 온도를 측정하는 데 사용된다.

① thermometer　② thermostat　③ chronometer　④ barometer

Q2. The __________ adjusted the room's temperature.

온도 조절 장치가 방 온도를 조절했다.

① thermometer　② thermostat　③ chronometer　④ generator

Q3. The __________ underwear kept her warm in winter.

그 보온 내의는 그녀를 겨울에 따뜻하게 해주있다.

① thermal　② thermometer　③ thermostat　④ thermos

31. phil (사랑하다)

그리스어 어원: philos [필로스] = loving, fond of
→ 사랑하다, 선호하다, 애착을 갖다 등의 의미로 확장

---

philosophy[필라서피] n. 철학
어원 사랑하다(philo) + 지혜(sophia) → 지혜를 사랑하는 태도 또는
학문 → 철학

- She majored in philosophy at the university.
그녀는 그 대학에서 철학을 전공했다.

philanthropy[필랜쓰러피] n. 박애주의
어원 사랑하다(philo) + 인간(anthropos) → 인간을 사랑하는 마음 →
박애주의

- The foundation supports philanthropy in education.
그 재단은 교육 분야에서 박애주의를 지원한다.

bibliophile[비블리오파일] n. 책 애호가
어원 책(biblio) + 사랑하는 사람(phile) → 책을 사랑하는 사람 → 책 애호가

- As a bibliophile, he owns thousands of books.
책 애호가로서 그는 수천 권의 책을 소유하고 있다.

Q1. He studied __________ to understand moral principles.

그는 도덕 원리를 이해하기 위해 철학을 공부했다.

① psychology　② theology　③ philosophy　④ anthropology

Q2. The billionaire was known for his acts of __________.

그 억만장자는 박애 활동으로 유명했다.

① photography　② philanthropy　③ philosophy　④ geology

Q3. A __________ is someone who loves books.

책을 좋아하는 사람을 책 애호가라고 한다.

① bibliophile　② philosopher　③ philanthropist　④ linguist

32. morph (형태, 형상)

그리스어 어원: morphē [모르페] = form, shape
→ 형태, 모양, 변형 등의 의미로 확장

---

morphology[모폴로지] n. 형태학

어원 형태(morph) + 학문(-ology) → 형태를 연구하는 학문 → 형태학

• He is studying the morphology of insects.

그는 곤충의 형태학을 연구하고 있다.

metamorphosis[메터모포시스] n. 탈바꿈

어원 변화(meta) 형태(morph) → 변태, 변신 → 탈바꿈

• The butterfly undergoes a complete metamorphosis.

나비는 완전한 탈바꿈 과정을 겪는다.

amorphous[어모퍼스] adj. 무정형의

어원 부정(a) + 형태(morph) → 형태가 없는 → 무정형의

• The substance is amorphous and has no fixed shape.

그 물질은 무정형이며 고정된 형태가 없다.

Q1. Linguists study the ___________ of words to understand how they are formed and structured.

언어학자들은 단어가 어떻게 형성되고 구조화되는지 이해하기 위해 단어의 형태론을 연구한다.

① psychology　② morphology　③ technology　④ methodology

Q2. The caterpillar undergoes ___________ to transform into a beautiful butterfly.

애벌레는 아름다운 나비로 변화하기 위해 변태를 겪는다.

① photosynthesis　② metamorphosis　③ hypothesis　④ emphasis

Q3. The ___________ substance had no definite shape and could flow like a liquid.

그 무정형 물질은 명확한 모양이 없었고 액체처럼 흘러갈 수 있었다.

① enormous　② glamorous　③ amorphous　④ dangerous

정답 : Q1. ② morphology　Q2. ② metamorphosis　Q3. ③ amorphous　73

33. rupt (깨다, 터뜨리다)

라틴어 어원: rumpere [룸페레] = to break

→ 깨다, 파열하다, 중단하다 등의 의미로 확장

---

interrupt[인터럽트] v. 방해하다

어원 사이에(inter) + 부수다(rupt) → 사이에 끼어들어 부수다 → 방해하다

- She interrupted the speaker with a question.

그녀는 질문으로 그 발표자를 방해했다.

erupt[이럽트] v. 분출하다

어원 밖으로(e) + 부수다(rupt) → 밖으로 터져 나오다 → 분출하다

- The volcano erupted violently.

그 화산이 격렬하게 분출했다.

bankrupt[뱅크럽트] adj. 파산한

어원 상인의 벤치(banca) + 부서진(rupt) → 거래하던 벤치가 부서진

상태 → 더 이상 거래하지 못하는 상태 → 파산한

- The company went bankrupt during the recession.

그 회사는 불황 중에 파산했다.

QUIZ> 우리말 해석과 일치하도록 빈칸에 알맞은 단어를 고르세요.

Q1. The volcano __________ violently.

화산이 격렬하게 분출했다.

① erupted   ② disrupted   ③ corrupted   ④ ruptured

Q2. Their conversation was __________ by a loud noise.

그들의 대화는 큰 소리에 의해 중단되었다.

① delivered   ② interrupted   ③ exchanged   ④ recorded

Q3. The company went __________ after the scandal.

그 회사는 그 스캔들 이후 파산했다.

① corrupt   ② bankrupt   ③ interrupt   ④ abrupt

34. tang/tact (접촉하다)

라틴어 어원: tangere [탄게레] = to touch
→ 접촉하다, 만지다, 연관되다 등의 의미로 확장

---

tangible[탠저블] adj. 만질 수 있는, 명백한

어원 만지다(tang) + 할 수 있는(-ible) → 만질 수 있는 → 만질 수 있는

• There was no tangible evidence of his guilt.

그의 유죄에 대한 분명한 증거가 없었다.

---

intact[인택트] adj. 손상되지 않은

어원 아니다(in-) + 만지다(tact) → 만져지지 않은 → 손상되지 않은

• The vase remained intact after the earthquake.

그 꽃병은 지진 후에도 온전했다.

---

contact[콘택트] n. 접촉

어원 함께(con) + 만지다(tact) → 함께 만지는 것 → 접촉

• We lost contact with the satellite.

우리는 그 위성과의 접촉을 잃었다.

Q1. There was no ___________ evidence linking him to the crime.

그가 범죄와 관련 있다는 명백한 증거는 없었다.

① tangible　② intact　③ contact　④ fragile

Q2. The sculpture remained ____________ despite the earthquake.

지진에도 불구하고 그 조각상은 손상되지 않았다.

① tangent　② tactile　③ intact　④ contact

Q3. We lost _________ with the spacecraft.

우리는 우주선과의 연락이 끊겼다.

① intact　② contract　③ contact　④ tactile

35. ven/vent (오다)

라틴어 어원: venire [웨니레] = to come

→ 오다, 도착하다, 발생하다 등의 의미로 확장

advent[애드벤트] n. 출현, 도래

어원   향하다(ad) + 오다(vent) → 향해 오는 것 → 출현, 도래

• The advent of smartphones changed our lives.

그 스마트폰의 출현은 우리의 삶을 바꾸었다.

convene[컨빈] v. 소집하다

어원   함께(con) + 오다(ven) → 함께 오게 하다 → 소집하다

• The committee convened to discuss the proposal.

위원회는 그 제안을 논의하기 위해 소집되었다.

intervene[인터빈] v. 개입하다

어원   사이에(inter) 오다(ven) → 개입하다

• The teacher intervened in the argument.

그 선생님이 그 말다툼에 개입했다.

Q1. A large crowd __________ to protest the decision.

많은 군중이 그 결정을 항의하기 위해 모였다.

① intervened ② convened ③ ventured ④ prevented

Q2. The __________ of smartphones changed our lives.

스마트폰의 출현은 우리의 삶을 바꾸었다.

① advent ② convention ③ event ④ invention

Q3. The teacher had to ____________ when the argument escalated.

논쟁이 격화되자 교사가 개입해야 했다.

① prevent ② invent ③ intervene ④ convene

정답 : Q1. ② convened   Q2. ① advent   Q3. ③ intervene

36. labor (일하다, 노력하다)

라틴어 어원: labor [라보르] = 일, 노력, 고통

→ 일하다, 노력하다, 고생하다 등의 의미로 확장

---

labor [레이버] n. 노동, 근로, 진통; v. 일하다, 노력하다

어원 고난(lab) + 행동(-or) → 고된 일이나 수고 → 노동, 일하다

• The workers demanded better labor conditions.

그 노동자들은 더 나은 노동 조건을 요구했다.

---

collaborate [컬래버레이트] v. 협력하다, 공동으로 일하다

어원 함께(col) + 일하다(labor) + 행위(-ate) → 함께 일하는 행위 → 협력하다

• The two companies collaborated on the new project.

그 두 회사는 새 프로젝트에서 협력했다.

---

elaborate [일래버레이트] adj. 정교한, 공들인 ; v. 정교하게 만들다, 상세히 설명하다

어원 밖으로(e) + 노동하다(labor) + 행위(-ate) → 열심히 노동하여 만들어낸 → 정교하게 만들다, 정교한

• She gave an elaborate explanation of the theory.

그녀는 그 이론에 대해 상세한 설명을 했다.

Q1. The scientist spent years on his __________ research.
그 과학자는 수년간 그의 정교한 연구에 매달렸다.

① laborious   ② elaborate   ③ labor   ④ collaborate

Q2. The two artists decided to ______________ on a new painting.
두 예술가는 새 그림에 협력하기로 결정했다.

① labor   ② elaborate   ③ collaborate   ④ laborious

Q3. The workers demanded better __________ conditions.
노동자들은 더 나은 노동 조건을 요구했다.

① labor   ② elaborate   ③ collaborate   ④ laborious

37. bio (생명)

그리스어 어원: bios [비오스] = life
→ 생명, 생활, 유기체 등의 의미로 확장

---

biology[바이올러지] n. 생물학

어원 생명(bio) + 학문(logos) → 생명을 연구하는 학문 → 생물학

• Biology is her favorite subject.

생물학은 그녀의 가장 좋아하는 과목이다.

---

biography[바이오그래피] n. 전기

어원 생명/삶(bio) + 쓰다(graph) + 상태(-y) → 삶에 대해 쓴 것 → 전기

• The biography details the life of the artist.

그 전기는 그 예술가의 생애를 자세히 다룬다.

---

antibiotic[앤티바이오틱] n. 항생제

어원 반대(anti) + 생명(bio) + 관련된(-tic) → 생명체(세균)에 반대하는 물질 → 항생제

• The doctor prescribed an antibiotic for the infection.

그 의사는 감염을 위해 항생제를 처방했다.

QUIZ> 우리말 해석과 일치하도록 빈칸에 알맞은 단어를 고르세요.

Q1. She studied __________ to become a doctor.

그녀는 의사가 되기 위해 생물학을 공부했다.

① geology ② biology ③ biography ④ meteorology

Q2. A(n) __________ tells the story of a person's life.

전기는 한 사람의 인생 이야기를 들려준다.

① bibliography ② biology ③ biography ④ autobiography

Q3. The doctor prescribed an __________ for the infection.

의사는 감염에 대해 항생제를 처방했나.

① antibiotic ② anticlimax ③ antithesis ④ antibody

정답 : Q1. ② biology Q2. ③ biography Q3. ① antibiotic **83**

38. geo (땅, 지구)

그리스어 어원: gē [게] = earth
→ 땅, 지구, 지리 등의 의미로 확장

---

geology[지올러지] n. 지질학

어원 지구(geo) + 학문(logos) → 지구를 연구하는 학문 → 지질학

• She studied geology in graduate school.

그녀는 대학원에서 지질학을 전공했다.

geography[지오그래피] n. 지리학

어원 지구(geo) + 쓰다/그리다(graph) + 상태(-y) → 지구에 대해 기록하는 것 → 지리학

• We learned about Africa in geography class.

그녀는 대학원에서 지질학을 공부했다.

geocentric[지오센트릭] adj. 지구 중심의

어원 지구(geo) + 중심(centr) + 관련된(-ic) → 지구를 중심으로 하는 → 지구 중심의

• The ancient geocentric model placed Earth at the center of the universe.

그 고대 지구 중심 모델은 지구를 우주의 중심에 두었다.

Q1. He majored in __________ to study Earth's structure.

그는 지구 구조를 공부하기 위해 지질학을 전공했다.

① geography ② geology ③ geometry ④ geopolitics

Q2. __________ is the study of Earth's surface features.

지리는 지구 표면의 특징을 연구하는 학문이다.

① Geology ② Geometry ③ Geography ④ Astronomy

Q3. Ancient people believed in a(n) __________ model of the universe.

고대인들은 지구 중심의 우주 모델을 믿었다.

① geocentric ② heliocentric ③ eccentric ④ egocentric

39. meter/metr (측정)

그리스어 어원: metron [메트론] = measure
→ 측정, 척도, 계량 등의 의미로 확장

---

thermometer[서마미터] n. 온도계
어원 열(therm) + 측정 도구(-meter) → 온도계

- The thermometer read 38 degrees.

그 온도계는 38도를 가리켰다.

---

speedometer[스피도미터] n. 속도계
어원 속도(speed) + 측정 도구(-meter) → 속도계

- Check the speedometer to avoid speeding.

과속을 피하기 위해 속도계를 확인하세요.

---

barometer[버로미터] n. 기압계
어원 압력(baro) + 측정 도구(-meter) → 기압을 측정하는 도구 → 기압계

- The barometer predicted a storm.

기압계는 폭풍을 예보했다.

Q1. A __________ is used to measure atmospheric pressure.

기압계는 대기압을 측정하는 데 사용된다.

① thermometer   ② speedometer   ③ barometer

④ chronometer

Q2. He checked the ______________ to monitor his running speed.

그는 달리는 속도를 확인하기 위해 속도계를 점검했다.

① thermometer   ② speedometer   ③ barometer   ④ altimeter

Q3. The nurse used a(n) ____________ to check the patient's fever.

간호사는 환자의 열을 확인하기 위해 온도계를 사용했다.

① barometer   ② thermometer   ③ speedometer   ④ odometer

40. tract (끌다, 끌어당기다)

라틴어 어원: trahere [트라헤레] = to pull, drag
→ 끌다, 이끌다, 유인하다 등의 의미로 확장

attract[어트랙트] v. 끌다

어원　~쪽으로(at/ad) + 끌다(tract) → 쪽으로 끌다 → 끌다

• The exhibition attracted many visitors.

그 전시회는 많은 방문객들을 끌어들였다.

distract[디스트랙트] v. 산만하게 하다

어원　떨어뜨려(dis) + 끌다(tract) → 주의를 다른 곳으로 끌다 → 산만

하게 하다

• Noise distracted him from his work.

소음이 그를 일에서 산만하게 했다.

extract[익스트랙트] v. 뽑아내다

어원　밖으로(ex) + 끌다(tract) → 밖으로 끌어내다 → 뽑아내다

• The dentist extracted the wisdom tooth.

그 치과의사는 그 사랑니를 뽑아냈다.

Q1. The advertisement is designed to ___________ young people.

그 광고는 젊은이들을 끌어들이기 위해 설계되었다.

① retract　② distract　③ attract　④ extract

Q2. The loud noise outside _________ my attention.

밖의 큰 소음이 내 주의를 산만하게 했다.

① distracted　② contracted　③ attracted　④ extracted

Q3. The dentist had to ________ the infected tooth.

치과의사는 감염된 이를 뽑아야 했다.

① distract　② retract　③ extract　④ attract

41. spir (숨, 호흡하다)

라틴어 어원: spirare [스피라레] = to breathe
→ 호흡하다, 영감을 주다, 생기를 불어넣다 등의 의미로 확장

inspire[인스파이어] v. 영감을 주다
어원 안으로(in) + 숨쉬다(spir) + 행위(-e) → 숨을 불어넣다 → 영감을 주다

• The movie inspired her to become a writer.

그 영화는 그녀에게 작가가 되도록 영감을 주었다.

expire[익스파이어] v. 만료되다
어원 밖으로(ex) + 숨쉬다(spir) + 행위(-e) → 마지막 숨을 내쉬다 → 만료되다

• The coupon expired last week.

그 쿠폰은 지난주에 만료되었다.

perspire[펼스파이어] v. 땀을 흘리다
어원 온몸을 통해(per) + 숨쉬다(spir) + 행위(-e) → 피부를 통해 수분이 나오다 → 땀을 흘리다

• He was perspiring heavily after the workout.

운동 후 그는 땀을 많이 흘렸다.

Q1. The coach's words __________ the team to try harder.

감독의 말은 팀이 더 열심히 하도록 영감을 주었다.

① expired   ② inspired   ③ transpired   ④ aspired

Q2. The milk has __________; don't drink it.

우유는 유통기한이 지났어. 마시지 마.

① perspired   ② inspired   ③ expired   ④ transpired

Q3. He began to __________ heavily after running.

그는 달린 후 땀을 많이 흘리기 시작했다.

① inspire   ② expire   ③ perspire   ④ transpire

정답 : Q1. ② inspired   Q2. ③ expired   Q3. ③ perspire   91

42. clin (기울다)

라틴어 어원: clinare [클리나레] = to lean, bend
→ 기울다, 경사지다, 방향을 바꾸다 등의 의미로 확장

---

incline[인클라인] v. 기울다, 경향이 있다
어원   안으로(in) + 기울이다(cline) → 한쪽으로 몸을 기울이다 → 기울다

• She inclined her head slightly.

그녀는 그녀의 머리를 약간 기울였다.

decline[디클라인] n. 감소 ; v. 줄어들다, 거절하다
어원   아래로(de) + 기울이다(cline) → 아래로 기울이다 → 거절하다

• The economy is showing signs of decline.

그 경제는 쇠퇴의 징후를 보이고 있다.

recline[리클라인] v. 눕다, 기대다
어원   뒤로/다시(re) + 기울이다(cline) → 뒤로 기대다 → 눕다

• He reclined on the sofa and closed his eyes.

그는 소파에 기대어 눈을 감았다.

Q1. The tower continued to __________ over the years.

탑은 세월이 지나면서 계속 기울었다.

① incline   ② decline   ③ recline   ④ confine

Q2. Sales began to __________ after the price increase.

가격이 오르자 판매량이 줄기 시작했다.

① relax   ② enlarge   ③ decline   ④ prepare

Q3. He __________ on the sofa and fell asleep.

그는 소파에 기대어 잠이 들었다.

① declined   ② inclined   ③ reclined   ④ confined

43. dom (집, 지배)

라틴어 어원: domus [도무스] = house, home /
dominus[도미누스] = master, lord
→ 집, 가정, 지배하다, 통치하다 등의 의미로 확장

---

domestic[도메스틱] adj. 국내의, 가정의

어원 집(domus) + 관련된(-tic) → 집과 관련된 → 국내의, 가정의

• They produce only for the domestic market.

그들은 국내 시장만을 위해 생산한다.

---

dominate[도미네이트] v. 지배하다

어원 집/주인(dom) + 행위(-ate) → 주인으로서 행동하다 → 지배하다

• One team dominated the entire game.

한 팀이 전체 경기를 지배했다.

---

domain[도메인] n. 영역, 분야

어원 주인(dom) + 소유(-ain) → 주인이 소유한 지역 → 영역

• This issue falls outside the domain of science.

이 문제는 과학의 영역 밖에 있다.

Q1. The king tried to __________ all neighboring lands

왕은 주변 모든 땅을 지배하려 했다.

① dominate　② donate　③ decorate　④ domesticate

Q2. They manufacture products for the __________ market.

그들은 국내 시장을 위한 제품을 생산한다.

① dominant　② domestic　③ dominion　④ democracy

Q3. His house is his private __________.

그의 집은 그의 개인적인 영역이다.

① domain　② dominator　③ domicile　④ democracy

44. flor (꽃)

라틴어 어원: flos, floris [플로스] = flower
→ 꽃, 번성하다, 개화하다 등의 의미로 확장

flourish [플러리쉬] v. 번창하다
어원 꽃(flor) + 시작하다(-ish) → 꽃이 피기 시작하다 → 번창하다

- Business is flourishing in the tech sector.

기술 부문에서 사업이 번창하고 있다.

floral [플로럴] adj. 꽃의
어원 꽃(flor) + 관련된(-al) → 꽃과 관련된 → 꽃의

- She wore a floral dress to the party.

그녀는 파티에 꽃무늬 드레스를 입었다.

flora [플로라] n. 식물군
어원 꽃(flor) → 로마 신화의 꽃의 여신 Flora에서 유래 → 특정 지역의 식물 전체를 의미 → 식물군

- The flora of the island is unique and diverse.

그 섬의 식물군은 독특하고 다양하다.

QUIZ> 우리말 해석과 일치하도록 빈칸에 알맞은 단어를 고르세요.

Q1. The island is known for its unique tropical __________.
그 섬은 독특한 열대 식물군으로 유명하다.

① flora   ② floral   ③ flourish   ④ fauna

Q2. Her business began to __________ after the rebranding.
리브랜딩 이후 그녀의 사업은 번창하기 시작했다.

① flourish   ② vanish   ③ perish   ④ demolish

Q3. She wore a dress with a __________ pattern.
그녀는 꽃무늬 드레스를 입었다.

① floral   ② fluid   ③ flaring   ④ formal

45. liber (자유)

라틴어 어원: liber [리베르] = free
→ 자유, 해방, 독립 등의 의미로 확장

liberty[리버티] n. 자유

어원 자유로운(liber) + 상태(-ty) → 자유로운 상태 → 자유

• Freedom of speech is a fundamental liberty.

언론의 자유는 기본적인 자유권이다.

liberate[리버레이트] v. 해방하다

어원 자유로운(liber) + 만들다(-ate) → 자유롭게 만들다 → 해방하다

• The soldiers liberated the city from occupation.

그 군인들은 점령으로부터 그 도시를 해방시켰다.

liberal[리버럴] adj. 자유주의의, 관대한

어원 자유로운(liber) + 관련된(-al) → 자유와 관련된 → 자유주의의, 관대한

• He holds liberal views on education.

그는 교육에 대해 자유주의적 견해를 가지고 있다.

Q1. The prisoners were finally given their ___________ after years of wrongful imprisonment.
죄수들은 수년간의 부당한 감금 후 마침내 자유를 얻었다.

① safety   ② liberty   ③ beauty   ④ duty

Q2. The allied forces worked together to ___________ the occupied territories from enemy control.
연합군은 점령 지역을 적의 통제로부터 해방시키기 위해 함께 노력했다.

① celebrate   ② elaborate   ③ liberate   ④ operate

Q3. Her ___________ views on social issues often spark interesting debates in the classroom.
사회 문제에 대한 그녀의 진보적인 견해는 종종 교실에서 흥미로운 토론을 불러일으킨다.

① general   ② federal   ③ natural   ④ liberal

46. mar (바다)

라틴어 어원: mare [마레] = sea
→ 바다, 해양, 수상 등의 의미로 확장

marine[머린] adj. 해양의

어원　바다(mar) + 관련된(-ine) → 바다와 관련된 → 해양의

• Marine life is affected by pollution.

해양 생물은 오염의 영향을 받는다.

submarine[서브머린] n. 잠수함

어원　아래(sub) + 바다(marine) → 바다 아래에 있는 → 잠수함

• The submarine disappeared into the ocean depths.

그 잠수함은 바다 깊은 곳으로 사라졌다.

maritime[마리타임] adj. 해양의, 해상의

어원　바다(mare) + ~에 관한(-timus) → 바다에 관한 → 해양의, 해상의

• The country has a strong maritime tradition.

그 나라는 강한 해양 전통을 가지고 있다.

QUIZ> 우리말 해석과 일치하도록 빈칸에 알맞은 단어를 고르세요.

Q1. The __________ biologist spent months studying coral reef ecosystems in the Pacific Ocean.

그 해양 생물학자는 태평양의 산호초 생태계를 연구하는 데 몇 달을 보냈다.

① alpine   ② marine   ③ canine   ④ divine

Q2. The navy deployed a nuclear ___________ to patrol the deep waters near the border.

해군은 국경 근처 깊은 바다를 순찰하기 위해 핵잠수함을 배치했다.

① airplane   ② submarine   ③ medicine   ④ gasoline

Q3. International __________ law governs the use of ocean resources and shipping routes.

국제 해상법은 해양 자원과 해운 항로의 사용을 규율한다.

① dramatic   ② automatic   ③ maritime   ④ democratic

47. path (감정, 고통)

그리스어 어원: pathos [파소스] = feeling, suffering
→ 감정, 고통, 질병 등의 의미로 확장

---

sympathy[심퍼시] n. 동정, 공감

어원 함께(sym) + 느낌(pathy) → 함께 느끼는 것 → 동정, 공감

- I felt sympathy for the character in the novel.

나는 그 소설 속 인물에게 동정심을 느꼈다.

empathy[엠퍼시] n. 감정 이입

어원 안으로(em) + 느낌(pathy) → 다른 이의 감정 안으로 들어가는 것 → 감정 이입

- Therapists must have empathy for their patients.

치료사들은 그들의 환자들에게 감정 이입을 해야 한다.

antipathy[앤티퍼시] n. 반감

어원 반대(anti) + 느낌(pathy) → 반대되는 감정 → 반감

- He has a deep antipathy toward injustice.

그는 불의에 깊은 반감을 갖고 있다.

QUIZ> 우리말 해석과 일치하도록 빈칸에 알맞은 단어를 고르세요.

Q1. I felt great __________ for the victim's family.

나는 피해자 가족에게 깊은 동정을 느꼈다.

① empathy   ② sympathy   ③ antipathy   ④ pathology

Q2. A therapist must have strong __________ to understand patients.

치료사는 환자를 이해하기 위해 강한 감정 이입 능력이 필요하다.

① empathy   ② sympathy   ③ apathy   ④ antipathy

Q3. He expressed strong __________ toward injustice.

그는 불의에 강한 반감을 나타냈다.

① sympathy   ② pathology   ③ apathy   ④ antipathy

정답 : Q1. ② sympathy   Q2. ① empathy   Q3. ④ antipathy

48. rect (똑바르다, 바르게 하다)

라틴어 어원: rectus [렉투스] = straight, right
→ 똑바르다, 교정하다, 지도하다 등의 의미로 확장

---

correct[커렉트] v. 바로잡다

어원 함께(co-) + 바르게 하다(rect) → 함께 바르게 만들다 → 바로잡다

• The teacher corrected the mistakes.

그 선생님은 그 실수들을 바로잡았다.

direct[디렉트] adj. 직접적인 ; v. 지시하다

어원 ~쪽으로(di) + 바르게 하다(rect) → 바른 방향으로 이끌다 → 지시하다

• He directed the team with confidence.

그는 자신 있게 팀을 이끌었다.

---

erect[이렉트] v. 세우다

어원 위로(e) + 곧게 하다(rect) → 위로 곧게 세우다 → 세우다

• They erected a statue in the park.

그들은 그 공원에 동상을 세웠다.

Q1. The teacher helped the student __________ the error.

선생님은 학생이 오류를 바로잡도록 도와주셨다.

① direct　② correct　③ erect　④ detect

Q2. They decided to __________ a monument in the square.

그들은 광장에 기념비를 세우기로 결정했다.

① detect　② direct　③ erect　④ correct

Q3. His job is to __________ the team during the project.

그의 임무는 프로젝트 동안 팀을 지휘하는 것이다.

① direct　② erect　③ redirect　④ reflect

49. sci (알다)

라틴어 어원: scire [스키레] = to know
→ 알다, 이해하다, 학문 등의 의미로 확장

conscious [컨셔스] adj. 의식적인, 인식하는

어원　함께(con) + 알다(sci) + 상태(-ous) → 함께 아는 상태 → 의식적인

- She was conscious of his presence.

그녀는 그의 존재를 의식했다.

scientist [사이언티스트] n. 과학자

어원　알다(sci) + 사람(-ist) → 아는 사람, 지식을 연구하는 사람 → 과학자

- She is a renowned scientist in biology.

그녀는 생물학 분야에서 유명한 과학자이다.

conscientious [컨시엔셔스] adj. 양심적인, 성실한

어원　con- (함께) + sci (알다) + -ous (형용사형 어미)

→ (양심을) 함께 아는 → 양심적인, 성실한

- He is a conscientious student who always does his homework.

그는 항상 그의 숙제를 하는 성실한 학생이다.

Q1. The student is very __________ of his surroundings.

그 학생은 주변 상황을 잘 인지하고 있다.

① unconscious   ② subconscious   ③ conscious   ④ conscientious

Q2. Marie Curie was a pioneering __________ in the field of radioactivity.

마리 퀴리는 방사능 분야의 선구적인 과학자였다.

① scientist   ② science   ③ scientific   ④ conscience

Q3. He is known as a __________ worker who always meets deadlines.

그는 항상 마감 기한을 지키는 성실한 직원으로 알려져 있다.

① conscious   ② scientific   ③ conscientious   ④ proficient

50. sign (표시, 신호)

라틴어 어원: signum [시그눔] = sign, mark
→ 표시, 신호, 서명하다 등의 의미로 확장

signal[시그널] n. 신호
어원 표시(sign) + 관련된(-al) → 표시와 관련된 것 → 신호

• The traffic light sends a signal to stop.

회사에서 그의 지위가 향상되었다.

signature[시그너처] n. 서명
어원 표시(sign) + 행위/결과(-ature) → 표시를 만드는 행위나 결과 →
서명

• Please put your signature at the bottom.

아래에 서명해 주세요.

designate[데지그네이트] v. 지정하다
어원 아래로/지정(de) + 표시하다(sign) + 행위(-ate) → 표시를 붙여
지정하다 → 지정하다

• He was designated as the new manager.

그는 새 관리자에 지정되었다.

Q1. Please put your ___________ at the bottom of the form.

양식 하단에 서명해 주세요.

① sign ② symbol ③ autograph ④ signature

Q2. He was ___________ as the team leader last week.

그는 지난주 팀장으로 지정되었다.

① designed ② assigned ③ designated ④ resigned

Q3. The traffic light changed to a red ___________.

신호등이 빨간 신호로 바뀌었다.

① sign ② signal ③ signature ④ signboard

51. stat/stit (서다, 세우다)

라틴어 어원: stare [스타레] = to stand
→ 서다, 설립하다, 지속하다 등의 의미로 확장

status[스태터스] n. 상태, 지위
어원 서다(sta) + 상태(-tus) → 서 있는 상태나 위치 → 상태, 지위

- His status in the company has improved.

그의 회사 내 지위가 향상되었다.

stability[스태빌리티] n. 안정
어원 서다(stab) + 능력/상태(-ility) → 곧게 서있는 상태 → 안정

- Economic stability is crucial for growth.

경제적 안정은 성장을 위해 필수적이다.

institute[인스티튜트] n. 기관 ; v. 설립하다
어원 안에(in) + 세우다(statuere) → 안에 세워진 것 → 기관, 설립하다

- The research institute focuses on AI.

그 연구 기관은 AI에 집중한다.

Q1. His ___________ in the company improved after the promotion.

그의 회사 내 지위는 승진 후 향상되었다.

① statue　②　status　③ statute　④ station

Q2. Economic __________ is essential for long-term success.

경제적 안정은 장기적인 성공을 위해 필수적이다.

① status　② stability　③ institute　④ statute

Q3. They decided to _________ a new research center.

그들은 새로운 연구소를 설립하기로 결정했다.

① institute　② constitute　③ substitute　④ destitute

52. manu (손)

라틴어 어원: manus [마누] = hand
→ 손, 조작하다, 다루다 등의 의미로 확장

---

manual [매뉴얼] n. 설명서 ; adj. 손으로 하는, 수동의

어원 손(man) + 관련된(-ual) → 손과 관련된 → 손으로 하는, 수동의

- He prefers a manual car over an automatic one.

그는 자동보다 수동 차량을 선호한다.

manipulate [머니퓰레이트] v. 조종하다, 능숙하게 다루다

어원 손(manu) + 작동하다(pulare) → 손으로 작동하다 → 조종하다, 능숙하게 다루다

- She can manipulate numbers quickly in her head.

그녀는 머릿속에서 숫자들을 빠르게 조작할 수 있다.

manufacture [매뉴팩처] n. 제조, 생산 ; v. 제조하다, 생산하다

어원 손(manu) + 만들다(fact) + 행위(-ure) → 손으로 만드는 행위 → 제조하다, 생산하다

- The company manufactures eco-friendly products.

그 회사는 친환경 제품들을 제조한다.

Q1. The car has a ___________ transmission, not automatic.

그 차는 자동이 아닌 수동 변속기를 갖추고 있다.

① manual ② manipulated ③ manufactured ④ manager

Q2. Skilled workers ___________ the machines with precision.

숙련된 작업자들이 기계를 정밀하게 조작했다.

① decorated ② manipulated ③ measured ④ justified

Q3. They _____________ parts for electric vehicles in this factory.

이 공장에서는 전기차 부품을 생산한다.

① manufacture ② construct ③ transplant ④ instruct

53. simil/simul (같은, 유사한)

라틴어 어원: similis [시밀리스] = similar, like
→ 같은, 유사한 의미로 확장

---

similar [시밀러] adj. 비슷한, 유사한

어원 같음(simil) + 형용사형 접미사(-ar) → 닮은 성질을 가진 → 비슷한

• Your handwriting is very similar to mine.

네 필체는 내 것과 매우 비슷해.

simulate [시뮬레이트] v. 흉내 내다, 가장하다

어원 같음(simul) + 행위(-ate) → 같게 만드는 행위 → 흉내 내다

• The pilot trained on a machine that simulates real flight.

그 조종사는 실제 비행을 흉내 내는 기계로 훈련했다.

simultaneous [사이멀테이니어스] adj. 동시에 일어나는

어원 같음(simul) + 시간(-taneous) → 같은 시간에 존재하는 → 동시에 일어나는

• The explosion was simultaneous with the power failure.

그 폭발은 정전과 동시에 발생했다.

Q1. The twins wore __________ clothes and fooled everyone.
쌍둥이는 유사한 옷을 입고 모두를 속였다.

① simulate　② similar　③ simultaneous　④ similarly

Q2. The program can __________ a real driving experience.
그 프로그램은 실제 운전 경험을 흉내 낼 수 있다.

① similarity　② similar　③ simulate　④ simultaneously

Q3. The fireworks and music started in a __________ display.
불꽃놀이와 음악이 동시에 시작되었다.

① simulate　② similarity　③ simultaneous　④ similar

54. dyn (힘, 권력)

그리스어 어원: dynamis [뒤나미스] = power, strength
→ 힘, 에너지, 능력 등의 의미로 확장

---

dynamic[다이나믹] adj. 역동적인

어원 힘(dynamis) + ~의(ic) → 힘이 넘치는 → 역동적인

• She has a dynamic personality.

그녀는 역동적인 성격을 가지고 있다.

dynamite[다이너마이트] n. 다이너마이트

어원 힘(dynamis) + 광물(ite) → 강력한 힘을 가진 광물 → 다이너마이트

• They used dynamite to clear the rocks.

그들은 바위를 치우기 위해 다이너마이트를 사용했다.

dynasty[다이너스티] n. 왕조

어원 힘(dynamis) + 상태(ty) → 힘(권력)이 지속되는 상태 → 왕조

• The Ming Dynasty ruled for centuries.

명 왕조는 수 세기 동안 통치했다.

Q1. The speaker had a _______________ personality that captivated the audience.

그 연설자는 청중을 사로잡는 역동적인 성격을 가졌다.

① dynamic   ② dynasty   ③ dynamite   ④ dynamo

Q2. The ancient Chinese __________ lasted for centuries.

고대 중국 왕조는 수세기 동안 지속되었다.

① dynamic   ② dynasty   ③ democracy   ④ dialect

Q3. The explosion was caused by __________.

폭발은 다이너마이트에 의해 발생했다.

① dynamo   ② dynamics   ③ dynamite   ④ diagnoses

55. gen (태어나다, 발생하다)

라틴어 어원: gignere [긴예레] = to beget, produce
→ 발생하다, 생성하다, 종류 등의 의미로 확장

generate[제너레이트] v. 발생시키다
어원 태어나다/시작(gener) + 행위(-ate) → 새롭게 만들어내다 → 발생시키다

• **The machine generates electricity.**

그 기계는 전기를 생성한다.

genetic[제네틱] adj. 유전의
어원 태어남/기원(gene) + 관련된(-tic) → 태어남과 관련된 → 유전의

• **Genetic disorders can be inherited.**

유전 질환은 유전될 수 있다.

indigenous[인디저너스] adj. 원산의, 토착의
어원 안에서(indi) + 태어난(gen) + 상태(-ous) → 그 곳에서 태어난 상태 → 원산의

• **These plants are indigenous to Korea.**

이 식물들은 한국 토착이다.

Q1. The solar panels __________ electricity from sunlight.
태양광 패널은 햇빛으로부터 전기를 생산한다.

① generate　② degenerate　③ exaggerate　④ congregate

Q2. Her __________ makeup made her stand out.
그녀의 유전적인 특징은 눈에 띄게 했다.

① genetic　② generic　③ genuine　④ generous

Q3. These animals are __________ to this island.
이 동물들은 이 섬의 토착종이다.

① indigenous　② ingenious　③ generous　④ genetic

56. lingu (언어)

라틴어 어원: lingua [링구아] = tongue, language
→ 언어, 말, 방언 등의 의미로 확장

liguistics [링귀스틱스] n. 언어학

어원　언어(lingu) + 학문(-istics) → 언어를 연구하는 학문 → 언어학

• She majored in linguistics.

그녀는 언어학을 전공했다.

bilingual [바이링궐] adj. 2개 국어를 구사하는

어원　두 개의(bi) + 언어(lingu) + 관련된(-al) → 두 개의 언어와 관련된

→ 2개 국어를 구사하는

• He is bilingual in English and Spanish.

그는 영어와 스페인어를 모두 구사한다.

linguist [링귀스트] n. 언어학자, 언어 능통자

어원　언어(lingu) + 전문가(-ist) → 언어 전문가 → 언어학자, 언어 능통자

• A skilled linguist can detect dialects easily.

숙련된 언어학자는 방언들을 쉽게 감지할 수 있다.

Q1. He studied _______________ in college to understand language systems.

그는 언어 체계를 이해하기 위해 대학에서 언어학을 공부했다.

① linguistics　② logic　③ literacy　④ literature

Q2. Being __________ helps when traveling abroad.

2개 국어를 할 수 있는 것은 해외여행할 때 유리하다.

① bilingual　② trilingual　③ linguistic　④ literary

Q3. She is a gifted __________ who speaks six languages.

그녀는 6개 언어를 구사하는 뛰어난 언어 전문가다.

① linguist　② lyricist　③ journalist　④ novelist

57. tort (비틀다)

라틴어 어원: torquere [토르퀘레] = to twist
→ 비틀다, 왜곡하다, 고통을 주다 등의 의미로 확장

---

distort[디스토트] v. 왜곡하다
어원　떨어져(dis) + 비틀다(tort) → 원래 형태에서 벗어나게 비틀다 →
왜곡하다

• **The media distorted the facts.**

언론은 사실을 왜곡했다.

---

contort[컨토트] v. 일그러지다
어원　함께(con) + 비틀다(torquere) → 함께 비틀리다 → 일그러지다

• **His face contorted with pain.**

그의 얼굴이 고통으로 일그러졌다.

---

torture[토처] n. 고문 ; v. 고문하다
어원　비틀다(torquere) + ~의(ure) → 비틀어 고통을 주다 → 고문, 고
문하다

• **He confessed after hours of torture.**

그는 수 시간의 고문 후에 자백했다.

QUIZ> 우리말 해석과 일치하도록 빈칸에 알맞은 단어를 고르세요.

Q1. He tried to __________ the facts to suit his argument.

그는 자신의 주장을 위해 사실을 왜곡하려 했다.

① distort   ② restore   ③ deport   ④ report

Q2. His face __________ in pain when he fell.

그는 넘어질 때 고통으로 얼굴이 일그러졌다.

① reported   ② resorted   ③ contorted   ④ imported

Q3. The prisoner was subjected to brutal __________.

그 죄수는 진혹한 고문을 당했다.

① torture   ② tortureless   ③ torpedo   ④ tornado

58. sect (자르다)

라틴어 어원: secare [세카레] = to cut
→ 자르다, 나누다, 분리하다 등의 의미로 확장

---

dissect [디섹트] v. 해부하다, 자세히 분석하다

어원 떨어져(dis) + 자르다(sect) → 따로따로 잘라보다 → 해부하다, 분석하다

- Students dissected frogs in biology class.

학생들은 생물 시간에 개구리를 해부했다.

section [섹션] n. 부분, 구획

어원 자르다(sect) + 결과/상태(-ion) → 잘라서 나뉜 부분 → 부분, 구획

- Please read the first section of the article.

기사의 첫 번째 부분을 읽어보세요.

sector [섹터] n. 부문, 분야

어원 자르다(sect) + 명사형 어미(-or) → 잘라진 영역 → 부문, 분야

- The public sector includes government and education.

공공 부문에는 정부와 교육이 포함된다.

Q1. In biology class, students will __________ a frog to study its internal organs.

생물학 수업에서 학생들은 개구리의 내부 장기를 연구하기 위해 해부할 것이다.

① dissect　② bisect　③ intersect　④ connect

Q2. The orchestra is divided into different __________ based on the types of instruments.

오케스트라는 악기의 종류에 따라 서로 다른 구역으로 나뉘어져 있다.

① fraction　② section　③ action　④ reaction

Q3. The technology __________ has shown remarkable growth this quarter.

기술 부문은 이번 분기에 놀라운 성장을 보였다.

① factor　② vector　③ sector　④ detector

정답 : Q1. ① dissect　Q2. ② section　Q3. ③ sector　125

59. mod (방식, 기준)

라틴어 어원: modus [모두스] = measure, manner

→ 방식, 조절하다, 기준 등의 의미로 확장

---

modify[모디파이] v. 수정하다

어원 방식(mod) + 만들다(-ify) → 방식을 만들다/바꾸다 → 수정하다

• We need to modify the design slightly.

우리는 그 설계를 약간 수정할 필요가 있다.

---

moderate[모더레이트] adj. 적당한, 절제하는

어원 방식(mod) + 상태(-erate) → 적절한 방식을 유지하는 → 적당한, 절제하는

• She holds moderate political views.

그녀는 중도적인 정치 성향을 갖고 있다.

---

modulate [모듈레이트] v. 조절하다, 조정하다

어원 방식(mod) + 작용하다(-ulate) → 방식에 따라 조절하다 → 조절하다, 조정하다

• He tried to modulate his voice during the speech.

그는 연설 중 목소리를 조절하려 했다.

Q1. The software engineer will ___________ the code to fix the security vulnerability.

소프트웨어 엔지니어는 보안 취약점을 해결하기 위해 코드를 수정할 것이다.

① modify ② clarify ③ verify ④ amplify

Q2. The politician is known for her ___________ stance on environmental issues.

그 정치인은 환경 문제에 대한 중도적인 입장으로 알려져 있다.

① accurate ② moderate ③ desperate ④ elaborate

Q3. The musician can ___________ his voice to create different tones and effects.

그 음악가는 다양한 음색과 효과를 만들기 위해 목소리를 조절할 수 있다.

① maximize ② transform ③ modulate ④ designate

60. nom/nym (이름)

라틴어 어원: nomen [노멘] = name
→ 이름, 명칭, 지명하다 등의 의미로 확장

---

nominate[노미네이트] v. 지명하다
어원   이름(nom) + 행위(-inate) → 이름을 부여하는 행위 → 지명하다

• She was nominated for an award.

그녀는 상 후보로 지명되었다.

---

anonymous[어나니머스] adj. 익명의
어원   없는(an-) + 이름(onym) + 상태(-ous) → 이름이 없는 상태 → 익명의

• The letter was sent by an anonymous writer.

그 편지는 익명의 작가에 의해 보내졌다.

---

synonym[시너님] n. 동의어
어원   함께(syn) + 이름(onym) → 함께 이름을 가진 → 동의어

• "Big" and "large" are synonyms.

'big'과 'large'는 동의어이다.

Q1. The board will _____________ three candidates for the position of CEO next week.

이사회는 다음 주에 CEO 직책에 대한 세 명의 후보자를 지명할 예정이다.

① eliminate ② nominate ③ terminate ④ dominate

Q2. The whistleblower remained _____________ to protect themselves from potential retaliation.

내부고발자는 잠재적인 보복으로부터 자신을 보호하기 위해 익명을 유지했다.

① autonomous ② enormous ③ anonymous ④ synonymous

Q3. "Happy" and "joyful" are _______ because they have similar meanings.

"Happy"와 "joyful"은 비슷한 의미를 가지고 있기 때문에 동의어이다.

① antonyms ② synonyms ③ homonyms ④ acronyms

61. corp (몸, 신체)

라틴어 어원: corpus [코르푸스] = body
→ 신체, 조직체, 단체 등의 의미로 확장

---

corporation[코퍼레이션] n. 기업, 법인
어원 몸체(corpor) + 행위/상태(-ation) → 하나의 몸체로 형성된 조직 → 기업, 법인

• A multinational corporation operates in many countries.

다국적 기업은 여러 나라에서 활동한다.

corpse[콜프스] n. 시체
어원 몸체(corp) + 상태(-se) → 생명이 없는 몸체 → 시체

• The police found a corpse in the river.

경찰은 강에서 시체를 발견했다.

---

incorporate[인코퍼레이트] v. 통합하다
어원 안으로(in) + 몸체(corpor) + 행위(-ate) → 하나의 몸체 안으로 넣다 → 통합하다

• The new plan incorporates all previous suggestions.

그 새 계획은 모든 이전 제안들을 포함한다.

Q1. The multinational ____________ has offices in over 50 countries around the world.

그 다국적 기업은 전 세계 50개국 이상에 사무소를 두고 있다.

① cooperation　② corporation　③ exploration　④ generation

Q2. The detective examined the ____________ carefully to determine the cause of death.

형사는 사망 원인을 파악하기 위해 시신을 주의 깊게 조사했다.

① course　② source　③ corpse　④ horse

Q3. The new design will ____________ advanced technology features to improve user experience.

새로운 디자인은 사용자 경험을 향상시키기 위해 첨단 기술 기능들을 통합할 것이다.

① corporate　② separate　③ incorporate　④ generate

정답 : Q1. ② corporation　Q2. ③ corpse　Q3. ③ incorporate　131

62. tend/tens/tent (뻗다, 팽팽하게 하다)

라틴어 어원: tendere [텐데레] = to stretch

→ 뻗다, 늘이다, 팽팽하게 하다 등의 의미로 확장

---

extend [익스텐드] v. 연장하다, 늘리다

어원 밖으로(ex) + 뻗다(tend) → 밖으로 뻗다 → 연장하다

• We decided to extend our stay by two days.

우리는 체류를 이틀 더 연장하기로 했다.

---

tendency [텐던시] n. 성향, 경향

어원 뻗다(tend) + 명사형 접미사(-ency) → 어떤 방향으로 뻗는 성질 → 성향

• She has a tendency to talk too much.

그녀는 말이 많은 경향이 있다.

---

attention [어텐션] n. 주의, 집중

어원 ~을 향해(at) + 뻗다(tent) + 상태(-ion) → (생각이나 시선이) 향해 뻗는 상태 → 주의

• Please pay attention to the teacher's instructions.

선생님의 지시에 주의를 기울이세요.

Q1. The company plans to ____________ the deadline for applications.

그 회사는 지원 마감일을 연장할 계획이다.

① attention   ② tendency   ③ extend   ④ tension

Q2. She showed a(n) __________ to avoid eye contact.

그녀는 눈을 마주치지 않으려는 경향을 보였다.

① attention   ② tendency   ③ tense   ④ extent

Q3. The students gave their full ____________ during the presentation.

학생들은 발표 내내 완전히 집중했다.

① attention   ② extension   ③ tend   ④ intention

정답 : Q1. ③ extend   Q2. ② tendency   Q3. ① attention   133

63. aqua (물)

라틴어 어원: aqua [아쿠아] = water
→ 물, 수생, 수분 등의 의미로 확장

aquarium [어쿼리엄] n. 수족관

어원 물(aqua) + 장소(-arium) → 물이 있는 장소 → 수족관

• The children enjoyed watching the fish in the aquarium.

아이들은 수족관에서 물고기를 보는 것을 즐겼다.

aquatic [어쿼틱] adj. 수생의, 물속에서 자라는

어원 물(aqua) + 관련된(-tic) → 물과 관련된 → 수생의, 물속에서 자라는

• Aquatic plants thrive in freshwater environments.

수생 식물은 담수 환경에서 잘 자란다.

aqueduct [애쿼덕트] n. 수로, 송수로

어원 물(aqua) + 인도하다(duct) → 물을 인도하는 구조물 → 수로, 송수로

• The ancient Romans built aqueducts to transport water to cities.

고대 로마인들은 도시들로 물을 운반하기 위해 수로들을 건설했다.

Q1. The city's ancient ___________ is still partially in use today.

그 도시의 고대 수로는 오늘날에도 일부 사용되고 있다.

① aquatic   ② aquarium   ③ aqueduct   ④ adequate

Q2. The school trip included a visit to a famous __________ in the city.

학교 현장 학습에는 도심의 유명한 수족관 방문이 포함되어 있었다.

① aqueduct   ② aquatic   ③ aquarium   ④ agriculture

Q3. Frogs and turtles are examples of _________ animals.

개구리와 거북이는 수생 동물의 예이다.

① agriculture   ② aquarium   ③ aqueduct   ④ aquatic

64. agri/agr (밭, 농업)

라틴어 어원: ager, agri [아게르, 아그리] = field, land
→ 밭, 토지, 농업 등의 의미로 확장

---

agriculture [애그리컬처] n. 농업
어원 밭(agri) + 경작하다(cult) + 행위(-ure)

→ 밭을 경작하는 행위 → 농업

• Modern agriculture uses advanced technology to increase crop yields.

현대 농업은 농작물 수확량을 증가시키기 위해 첨단 기술을 사용한다.

agrarian [어그레리언] adj. 농업의, 토지의
어원 밭(agr) + 관련된(-arian) → 밭/농업과 관련된 → 농업의, 토지의

• The government implemented agrarian reforms to help small farmers.

그 정부는 소규모 농부들을 돕기 위해 농업 개혁을 시행했다.

agronomy [어그라너미] n. 농학
어원 밭(agro) + 법칙/연구(-nomy) → 농업 법칙 연구 → 농학

• He studied agronomy to learn about soil management and crop production.

그는 토양 관리와 작물 생산에 대해 배우기 위해 농학을 공부했다.

Q1. Sustainable ______________ is vital to feeding a growing population.
지속 가능한 농업은 증가하는 인구를 먹여 살리는 데 필수적이다.

① agronomy　② agrarian　③ agriculture　④ aggregation

Q2. The government's ___________ reform included fair land redistribution.
정부의 농지 개혁에는 공정한 토지 재분배가 포함되어 있었다.

① agriculture　② agrarian　③ agree　④ agronomy

Q3. Advances in ___________ have led to better crop yields and soil care.
농학의 발전은 더 나은 작물 수확과 토양 관리로 이어졌다.

① agriculture　② agronomy　③ aquarium　④ aggression

65. mem (기억하다)

라틴어 어원: memor [메모르] = mindful, remembering
→ 기억하다, 상기하다, 추모하다 등의 의미로 확장

memory[메모리] n. 기억

어원 기억하다(memor) + 상태(-y) → 기억하고 있는 상태 → 기억

• He has a great memory for faces.

그는 얼굴들에 대한 뛰어난 기억력을 가지고 있다.

memorable [메머러블] adj. 기억할만한, 인상적인

어원 기억(memor) + 할 수 있는(-able) → 기억할 만한, 인상적인

• That was a truly memorable day.

그것은 정말 기억할 만한 날이었다.

remember [리멤버] v. 기억하다

어원 다시(re) + 기억하다(memorare) → 다시 기억하다 → 기억하다

• We must remember what we learned today.

우리는 오늘 배운 것을 기억해야 한다.

QUIZ> 우리말 해석과 일치하도록 빈칸에 알맞은 단어를 고르세요.

Q1. His ___________ of childhood events has become less reliable as he gets older.

그의 어린 시절 사건들에 대한 기억은 나이가 들면서 덜 신뢰할 만하게 되었다.

① memory　② summary　③ theory　④ history

Q2. The wedding ceremony was truly ___________ with beautiful decorations and heartfelt speeches.

결혼식은 아름다운 장식과 진심 어린 축사로 정말 기억에 남을 만했다.

① comfortable　② reasonable　③ memorable　④ responsible

Q3. Please __________ to lock the door when you leave the office tonight.

오늘 밤 사무실을 떠날 때 문을 잠그는 것을 잊지 마세요.

① remember　② surrender　③ encounter　④ consider

66. lect/leg (선택하다, 읽다)

라틴어 어원: legere [레게레] = to read, choose
→ 읽다, 선택하다, 수집하다 등의 의미로 확장

---

lecture [렉처] n. 강의

어원 읽다(lect) + 행위/결과(-ure) → 읽고 전달하는 행위 → 강의

- The professor gave a lecture on modern history.

그 교수는 근대사에 대해 강의했다.

---

elect [일렉트] v. 선출하다

어원 밖으로(e) + 고르다(lect) → 밖으로 골라내다 → 선출하다

- The people elected a new president.

국민은 새 대통령을 선출했다.

---

select [셀렉트] v. 선택하다

어원 따로(se) + 고르다(lect) → 따로 골라내다 → 선택하다

- She was selected as team captain.

그녀는 팀 주장으로 선택되었다.

Q1. The people __________ a new president.

국민은 새로운 대통령을 선출했다.

① elected　② selected　③ neglected　④ collected

Q2. The professor gave a fascinating __________ on philosophy.

그 교수는 철학에 대해 흥미로운 강의를 했다.

① lecture　② legend　③ selection　④ collector

Q3. They __________ the best candidate for the scholarship.

그들은 장학금 후보 중 최고의 인재를 선택했다.

① elected　② selected　③ reflected　④ neglected

67. mot/mov (움직이다)

라틴어 어원: movere [모베레] = to move

→ 움직이다, 이동하다, 감동시키다 등의 의미로 확장

---

motion[모션] n. 움직임, 운동

어원 움직이다(mot) + 상태(-ion) → 움직이는 상태 → 움직임, 운동

• The dancer's motions were elegant and fluid.

그 무용수의 움직임은 우아하고 유연했다.

---

promote[프로모트] v. 승진시키다, 촉진하다

어원 앞으로(pro) + 움직이다(mot) → 앞으로 움직이게 하다 → 승진시키다, 촉진하다

• She was promoted to manager.

그녀는 과장으로 승진했다.

---

remove[리무브] v. 제거하다

어원 뒤로/떨어져(re) + 움직이다(mov) + 행위(-e) → 떨어져 움직이게 하다 → 제거하다

• They removed the old furniture.

그들은 그 오래된 가구를 제거했다.

Q1. The company decided to ____________ her to manager after she successfully completed the project.

회사는 그녀가 프로젝트를 성공적으로 완료한 후 그녀를 매니저로 승진시키기로 결정했다.

① demote　② promote　③ remote　④ devote

Q2. The gymnast's every __________ was graceful.

그 체조 선수의 모든 동작은 우아했다.

① emotion　② motion　③ motive　④ remote

Q3. Please __________ your shoes before entering the room.

방에 들어가기 전에 신발을 벗어 주세요.

① remove　② promote　③ motion　④ approve

68. fid (믿다)

라틴어 어원: fides [피데스] = faith, trust

→ 믿다, 신뢰하다, 충성하다 등의 의미로 확장

---

fidelity [피델리티] n. 충실, 신의

어원　신뢰(fides) + ~성(ity) → 신뢰의 성질 → 충실, 신의

• The soldier swore fidelity to his country.

그 군인은 그의 나라에 대한 충성을 맹세했다.

confide [컨파이드] v. (비밀을) 털어놓다, 신뢰하다

어원　함께(con) + 신뢰하다(fidere) → 함께 신뢰하다 → (비밀을) 털어놓다

• He confided his secret to a friend.

그는 친구에게 그의 비밀을 털어놓았다.

infidel [인피델] n. 무신론자, 신앙이 없는 사람

어원　부정(in) + 믿다(fidel) → 믿지 않는 사람 → 무신론자

• In the past, the term "infidel" was used negatively.

과거에는 '무신론자'라는 용어가 부정적으로 사용되었다.

Q1. She showed great __________ to her partner.

그녀는 파트너에게 큰 충실함을 보였다.

① fidelity　② felicity　③ fertility　④ facility

Q2. You can __________ in her; she keeps secrets well.

그녀에게 털어놓아도 돼. 비밀을 잘 지켜.

① confide　② divide　③ provide　④ reside

Q3. He was accused of being an __________ and betrayer.

그는 무신론자이자 배신자로 지목되었다.

① infidel　② affliction　③ affiliate　④ infiltrator

69. claim/clam (외치다)

라틴어 어원: clamare [클라마레] = to shout (외치다)

→ 외치다, 주장하다, 요구하다 등의 의미로 확장

---

exclaim [엑스클레임] v. 외치다

어원　밖으로(ex) + 부르다(clamare) → 밖으로 부르다 → 외치다

• "Wow!" he exclaimed in surprise.

"와!" 그는 놀라서 외쳤다.

proclaim [프로클레임] v. 선언하다

어원　앞으로(pro) + 부르다(clamare) → 앞으로 부르다 → 선언하다

• The king proclaimed a new law.

그 왕은 새로운 법을 선언했다.

acclaim [어클레임] v. 환호하다, 칭송하다

어원　~을 향해(ad/ac) + 외치다(clamare) → ~을 향해 외치다 → 환호하다, 칭송하다

• The movie was acclaimed by critics.

그 영화는 평론가들에 의해 칭송받았다.

Q1. The children _____________ with excitement when they saw the fireworks.

아이들은 불꽃놀이를 보자 흥분해서 소리를 질렀다.

① exclaimed   ② proclaimed   ③ claimed   ④ declaimed

Q2. The president __________ a national holiday.

대통령은 국경일을 선언했다.

① exclaimed   ② proclaimed   ③ claimed   ④ acclaimed

Q3. The book was widely __________ by critics.

그 책은 평론가들로부터 널리 찬사를 받았다.

① reclaimed   ② exclaimed   ③ acclaimed   ④ declaimed

정답 : Q1. ① exclaimed   Q2. ② proclaimed   Q3. ③ acclaimed   **147**

70. frag/fract (부수다)

라틴어 어원: frangere [프랑게레] = to break
→ 부수다, 파괴하다, 분열하다 등의 의미로 확장

fragment [프래그먼트] n. 조각
어원 부수다(frag) + 결과(-ment) → 부서진 결과물 → 조각

• The vase broke into fragments.

그 화병이 조각들로 부서졌다.

fracture [프랙처] n. 골절 ; v. 부러뜨리다
어원 부수다(fract) + 상태/행위(-ure) → 부러진 상태/부러뜨리는 행위 → 골절

• He suffered a fracture in his arm.

그는 팔에 골절을 입었다.

fragile [프래자일] adj. 깨지기 쉬운
어원 부수다(frag) + 경향이 있는(-ile) → 깨지기 쉬운

• The box contains fragile items.

그 상자는 깨지기 쉬운 물건들을 포함하고 있다.

Q1. The vase broke into several sharp __________.

그 꽃병은 날카로운 조각들로 산산이 부서졌다.

① fragments ② fractures ③ fractions ④ fringes

Q2. He suffered a bone __________ in his arm.

그는 팔에 골절을 입었다.

① fragment ② fracture ③ friction ④ fraction

Q3. Be careful with that glass; it's very __________.

그 유리는 매우 깨지기 쉬우니 조심하세요.

① fragile ② fractional ③ fragrant ④ frugal

71. equ (같은, 공정한)

라틴어 어원: aequus [에쿠우스] = equal, even, fair
→ 동등한, 균등한, 공평한 등의 의미로 확장

---

equal [이퀄] adj. 같은, 평등한
어원 같은(equ) + 상태(-al) → 같은 상태 → 평등한

• All people are equal under the law.

모든 사람은 법 앞에 평등하다.

equation [이퀘이션] n. 등식, 방정식
어원 같은(equ) + 행위/상태(-ation) → 같게 만드는 것 → 등식, 방정식

• Solve the equation for x.

x에 대한 그 방정식을 풀어라.

equitable [에퀴터블] adj. 공정한, 공평한
어원 같은(equit) + ~할 수 있는(-able) → 공평하게 할 수 있는 → 공정한, 공평한

• We need an equitable distribution of resources.

우리는 자원들의 공평한 분배가 필요하다.

Q1. All employees should receive _____________ treatment regardless of their gender or background.

모든 직원들은 성별이나 배경에 관계없이 평등한 대우를 받아야 한다.

① equal ② royal ③ local ④ final

Q2. To solve this math problem, you need to find the value of x in the __________.

이 수학 문제를 풀기 위해서는 방정식에서 x의 값을 찾아야 한다.

① function ② fraction ③ equation ④ solution

Q3. The judge made an __________ decision that considered the circumstances of both parties fairly.

판사는 양측 당사자의 상황을 공정하게 고려한 공평한 결정을 내렸다.

① adequate ② equitable ③ inevitable ④ comfortable

72. cent (백, 100)

라틴어 어원: centum [켄툼] = hundred

→ 백, 중심, 집중 등의 의미로 확장

---

century [센츄리] n. 세기, 100년

어원 cent- (백) + -ury (기간) → 100년

• The 21st century began in 2001.

21세기는 2001년에 시작되었다.

percent [퍼센트] n. 퍼센트, 백분율

어원 ~당(per) + 백(cent) → 백 개당의 비율 → 퍼센트, 백분율

• Only 10 percent of the class failed the test.

반의 10%만 시험에 떨어졌다.

centennial [센테니얼] adj. 100주년의

어원 cent- (백) + -ennial (연간의) → 100주년

• The town celebrated its centennial anniversary.

그 도시는 그것의 100주년 기념일을 축하했다.

Q1. The company offered a 20 ___________ discount on all items.

그 회사는 전 품목에 대해 20퍼센트 할인 혜택을 제공했다.

① percent ② centennial ③ century ④ centimeter

Q2. The museum is hosting a special exhibit to mark its __________ anniversary.

박물관은 100주년을 기념하기 위한 특별 전시회를 열고 있다.

① percent ② centennial ③ century ④ central

Q3. The telephone was invented in the 19th __________.

전화기는 19세기에 발명되었다.

① centennial ② percentage ③ century ④ percentile

73. ann/enn (해, 해마다)

라틴어 어원: annus [아누스] = year
→ 년, 연간, 주기 등의 의미로 확장

---

annual [애뉴얼] adj. 매년의, 연례의
어원 년(ann) + 관련된(-ual) → 한 해와 관련된 → 매년의, 연례의

• We have an annual meeting in December.

우리는 12월에 연례 회의를 한다.

anniversary [애니버서리] n. 기념일
어원 해마다(anni) + 돌아옴(vers) + 상태(-ary) → 해마다 돌아오는 날
→ 기념일

• They celebrated their wedding anniversary.

그들은 그들의 결혼기념일을 축하했다.

perennial [퍼레니얼] adj. 지속되는, 다년생의
어원 ~을 통해(per) + 해(enn) + 관련된(-ial) → 여러 해를 통과하는 →
지속되는, 다년생의

• Perennial plants bloom every year.

다년생 식물은 매년 꽃을 피운다.

Q1. We hold an __________ conference every summer.

우리는 매년 여름 연례 회의를 개최한다.

① anniversary   ② annual   ③ annuity   ④ annotate

Q2. They celebrated their 10th wedding __________.

그들은 결혼 10주년을 축하했다.

① annal   ② annual   ③ anniversary   ④ antique

Q3. Some plants are __________ and bloom every year.

어떤 식물은 다년생으로 매년 꽃을 피운다.

① perennial   ② annual   ③ centennial   ④ continual

74. ambi (양쪽의)

라틴어 어원: ambi [암비] = both, around, on both sides
→ 양쪽의, 주위의, 둘 다 등의 의미로 확장

---

ambidextrous [앰비덱스트러스] adj. 양손잡이의

어원 양쪽(ambi) + 오른손(dext) + 상태(-rous) → 양쪽 다 오른손처럼 쓸 수 있는 → 양손잡이의

• The pianist is ambidextrous, which gives her an advantage when playing complex pieces.

그 피아니스트는 양손잡이이며, 이것이 그녀에게 복잡한 곡들을 연주할 때 유리함을 준다.

ambiguous [앰비규어스] adj. 모호한, 애매한

어원 양쪽(ambi) + 이끌다(gu) + 상태(-ous) → 양쪽으로 이끌리는 상태 → 모호한, 애매한

• His answer was ambiguous, so we couldn't tell if he agreed or not.

그의 답변이 모호해서 우리는 그가 동의했는지 아닌지 말할 수 없었다.

ambient [앰비언트] adj. 주변의, 환경의, 잔잔한

어원 주위로(ambi) + 가다(i/ient) → 주위로 돌아다니는 → 주변의, 환경의

• The restaurant has soft ambient music playing in the background.

그 레스토랑에는 배경에서 부드러운 주변 음악이 연주되고 있다.

Q1. The meaning of his statement was so ____________ that no one knew how to respond.

그의 발언은 너무 모호해서 아무도 어떻게 반응해야 할지 몰랐다.

① ambidextrous   ② ambiguous   ③ ambient   ④ ambition

Q2. She is __________, allowing her to write smoothly with both hands.

그녀는 양손잡이라서 양손으로 글을 자연스럽게 쓸 수 있다.

① ambient   ② ambiguity   ③ ambidextrous   ④ ambitious

Q3. The restaurant created a romantic atmosphere with soft __________ lighting and gentle music.

그 레스토랑은 부드러운 은은한 조명과 잔잔한 음악으로 로맨틱한 분위기를 연출했다.

① abundant   ② ancient   ③ absent   ④ ambient

75. hydr (물, 수분)

그리스어 어원: hydōr [휘도르] = water

→ 물, 수분, 액체 등의 의미로 확장

---

hydrate [하이드레이트] v. 수분을 공급하다

어원   물(hydr) + 행위(-ate) → 물을 공급하는 행위 → 수분을 공급하다

- It's important to hydrate after exercise.

운동 후 수분을 보충하는 것이 중요하다.

---

dehydrate [디하이드레이트] v. 탈수하다

어원   제거(de) + 물(hydr) + 행위(-ate) → 물을 제거하는 행위 → 탈수하다

- The hot sun can dehydrate you quickly.

그 뜨거운 태양은 너를 빠르게 탈수시킬 수 있다.

---

hydraulic [하이드롤릭] adj. 수압의, 수력으로 작동하는

어원   물(hydr) + 힘(-aul) + 관련된(-ic) → 물의 힘과 관련된 → 수압의, 수력으로 작동하는

- The hydraulic system controls the car's brakes.

그 수압 시스템이 그 자동차의 브레이크를 제어한다.

Q1. Athletes need to ___________ frequently during intense training to maintain peak performance.
운동선수들은 최고의 경기력을 유지하기 위해 강도 높은 훈련 중에 자주 수분을 보충해야 한다.

① migrate   ② hydrate   ③ vibrate   ④ generate

Q2. If you don't drink enough water in hot weather, you may _________ quickly and feel weak.
더운 날씨에 물을 충분히 마시지 않으면 빠르게 탈수될 수 있고 허약함을 느낄 수 있다.

① dehydrate   ② demonstrate   ③ deteriorate   ④ decorate

Q3. The construction crew used ______ equipment to lift the heavy concrete blocks to the upper floors.
건설팀은 무거운 콘크리트 블록을 상층으로 올리기 위해 유압 장비를 사용했다.

① electric   ② magnetic   ③ hydraulic   ④ automatic

정답 : Q1. ② hydrate   Q2. ① dehydrate   Q3. ③ hydraulic

76. tele (멀리, 먼 거리)

그리스어 어원: tele [텔레] = far, distant

→ 멀리, 원격, 거리를 초월한 등의 의미로 확장

---

telephone[텔레폰] n. 전화기

어원 멀리(tele) + 소리(phone) → 멀리 소리를 전하는 장치 → 전화기

- She called her friend on the telephone.

그녀는 전화기로 그녀의 친구에게 전화를 걸었다.

television[텔레비전] n. 텔레비전

어원 멀리(tele) + 보다(vis) + 상태(-ion) → 멀리 볼 수 있는 상태/장치 → 텔레비전

- They watched the news on television.

그들은 TV로 뉴스를 시청했다.

telepathy[텔레패시] n. 텔레파시

어원 멀리(tele) + 느끼다(path) + 상태(-y) → 멀리서 느끼는 능력 → 텔레파시

- The twins claimed to have telepathy.

그 쌍둥이들은 텔레파시가 있다고 주장했다.

Q1. A __________ is used to hear sounds from far away.

전화기는 멀리 있는 소리를 듣기 위해 사용된다.

① telephone ② telepathy ③ telescope ④ television

Q2. They communicated almost as if by __________.

그들은 마치 텔레파시로 소통하는 듯했다.

① telephone ② telegraph ③ telepathy ④ telegram

Q3. We watched the game live on __________.

우리는 경기를 텔레비전으로 생중계로 보았다.

① telegraph ② television ③ telephone ④ telescope

77. theo (신, 신에 관한)

그리스어 어원: theos [테오스] = god
→ 신, 신학, 종교적 등의 의미로 확장

---

theology[씨알러지] n. 신학

어원 신(theo) + 학문(logy) → 신에 관한 학문 → 신학

- He studied theology at a seminary.

그는 신학교에서 신학을 공부했다.

atheist[에이씨이스트] n. 무신론자

어원 없는(a-) + 신(the) + 사람(-ist) → 신이 없다고 믿는 사람 → 무신론자

- She identifies as an atheist.

그녀는 자신을 무신론자라고 밝힌다.

theocracy[씨어크러시] n. 신정정치

어원 신(theo) + 통치(-cracy) → 신의 통치/신을 대표한다고 주장하는 사람들의 통치 → 신정정치

- The ancient society was governed by theocracy.

그 고대 사회는 신정정치에 의해 통치되었다.

Q1. She decided to pursue a degree in __________ to deepen her understanding of religious studies.
그녀는 종교학에 대한 이해를 깊게 하기 위해 신학 학위를 추구하기로 결정했다.

① biology ② theology ③ geology ④ psychology

Q2. As an __________, he does not believe in the existence of any divine beings or gods.
무신론자로서 그는 어떤 신적 존재나 신들의 존재를 믿지 않는다.

① artist ② atheist ③ activist ④ analyst

Q3. Iran is often cited as an example of a __________ where religious leaders hold significant political power.
이란은 종교 지도자들이 상당한 정치적 권력을 가지고 있는 신정정치의 예로 자주 언급된다.

① democracy ② monarchy ③ theocracy ④ bureaucracy

78. cracy/crat (지배, 통치)

그리스어 어원: kratos [크라토스] = power, rule
→ 통치, 권력, 지배 체제 등의 의미로 확장

---

democracy[디머크러시] n. 민주주의
어원 사람들(demo) + 통치(-cracy) → 사람들에 의한 통치 → 민주주의

• Democracy ensures citizens' participation.

민주주의는 시민들의 참여를 보장한다.

autocracy[오토크러시] n. 독재 정치
어원 자신(auto) + 통치(-cracy) → 한 사람에 의한 통치 → 독재 정치

• The country was ruled by an autocracy.

그 나라는 독재정치에 의해 통치되었다.

aristocrat[애리스토크랫] n. 귀족
어원 최고의(aristo) + 통치자(-crat) → 최고의 자격을 가진 통치자 → 귀족

• Despite his wealth, the young aristocrat treated everyone with kindness and respect.

그 젊은 귀족은 부유함에도 불구하고 모든 사람을 친절하고 존중하는 태도로 대했다.

Q1. The country transitioned from monarchy to __________.
그 나라는 군주제에서 민주주의로 전환했다.

① theocracy   ② autocracy   ③ aristocracy   ④ democracy

Q2. A(n) __________ is a person from a noble ruling class.
귀족은 고귀한 지배 계층 출신 사람이다.

① democrat   ② aristocrat   ③ bureaucrat   ④ technocrat

Q3. The dictator ruled with absolute power in a(n) __________.
독재자는 질대 권력을 기진 독재 체제에서 통치했다.

① democracy   ② autocracy   ③ aristocracy   ④ meritocracy

정답 : Q1. ④ democracy   Q2. ② aristocrat   Q3. ② autocracy

79. anthrop (인간)

그리스어 어원: anthropos [안트로포스] = human being
→ 인간, 사람, 인류 등의 의미로 확장

---

anthropology [앤쓰로폴로지] n. 인류학
어원 인간(anthrop) + 학문(logy) → 인간에 관한 학문 → 인류학
- She studied anthropology to understand different cultural practices around the world.

그녀는 전 세계의 다양한 문화적 관습들을 이해하기 위해 인류학을 공부했다.

philanthropist [필랜쓰로피스트] n. 자선가, 박애주의자
어원 사랑하는(phil) + 인간(anthrop) + 행하는 사람(-ist) → 인류를 사랑하는 사람 → 자선가, 박애주의자
- The wealthy philanthropist donated millions to educational programs for disadvantaged children.

그 부유한 자선가는 불우한 아이들을 위한 교육 프로그램들에 수백만 달러를 기부했다.

misanthrope [미산쓰롭] n. 인간 혐오자
어원 싫어하는(mis) + 인간(anthrop) → 인간을 싫어하는 사람 → 인간 혐오자
- After years of disappointment, he became a misanthrope who avoided social gatherings.

수년간의 실망 후에, 그는 사교 모임들을 피하는 인간 혐오자가 되었다.

Q1. She majored in ___________ to explore human cultures and societies.

그녀는 인간의 문화와 사회를 탐구하기 위해 인류학을 전공했다.

① anthropologist   ② philanthropist   ③ anthropology   ④ misanthrope

Q2. The generous ___________ supported hospitals and schools in rural areas.

그 너그러운 자선가는 시골 지역의 병원과 학교를 지원했다.

① misanthrope   ② philanthropist   ③ anthropology   ④ philosopher

Q3. After being betrayed many times, he became a bitter ___________.

여러 번 배신당한 뒤, 그는 냉소적인 인간 혐오자가 되었다.

① philanthropist   ② anthropologist   ③ anthropology   ④ misanthrope

정답 : Q1. ③ anthropology   Q2. ② philanthropist   Q3. ④ misanthrope   167

80. terra (땅, 지구)

라틴어 어원: terra [테라] = earth, land

→ 땅, 지구, 영토 등의 의미로 확장됨.

---

terrain [터레인] n. 지형, 지역

어원 땅(terr) + 관련된(-ain) → 땅과 관련된 특성 → 지형, 지역

• The hikers navigated through rough terrain.

그 등산객들은 험한 지형을 통과해서 이동했다.

---

terrestrial [터레스트리얼] adj. 지구의, 육지의

어원 땅(terr) + 관련된(-estrial) → 땅과 관련된 → 지구의, 육지의

• Terrestrial animals live on land, unlike aquatic ones.

육상 동물은 수생 동물과 달리 육지에 산다.

---

territory [테러토리] n. 영토, 지역

어원 땅(terr) + 장소(-itory) → 소유하거나 통제하는 땅의 영역 → 영토, 지역

• The country expanded its territory after the war.

그 나라는 전쟁 후에 그것의 영토를 확장했다.

Q1. The soldiers struggled to move across the rocky __________.

군인들은 바위가 많은 지형을 가로지르느라 고생했다.

① territory   ② terrain   ③ terrestrial   ④ terrace

Q2. After the treaty, the nation regained its lost __________.

조약 체결 후, 그 국가는 잃었던 영토를 되찾았다.

① terrestrial   ② terrain   ③ territory   ④ terrorism

Q3. Unlike whales, elephants are __________ creatures that live on land.

고래와 달리, 코끼리는 육지에 사는 육상 동물이다.

① terrestrial   ② territorial   ③ terrain   ④ tornado

81. aster/astro (별)

그리스어 어원: aster, astron [아스테르, 아스트론] = star
→ 별, 천체 등의 의미로 확장

---

astronomy [어스트라너미] n. 천문학

어원 별(astro) + 법칙/연구(-nomy) → 별에 관한 연구 → 천문학

• She developed a passion for astronomy after seeing Saturn through a telescope.

그녀는 망원경으로 토성을 본 후 천문학에 대한 열정을 갖게 되었다.

asteroid [애스터로이드] n. 소행성

어원 별(aster) + 유사한(-oid) → 별과 유사한 → 소행성

• Scientists track the paths of asteroids that might come close to Earth.

과학자들은 지구에 가까이 올 수 있는 소행성들의 경로를 추적한다.

astrophysics [애스트로피직스] n. 천체물리학

어원 별(astro) + 물리학(physics) → 별의 물리학 → 천체물리학

• The professor specializes in astrophysics, studying the behavior of stars and galaxies.

그 교수는 별들과 은하들의 행동을 연구하는 천체물리학을 전문으로 한다.

Q1. She became interested in ___________ after learning how planets orbit the sun.

그녀는 행성이 태양 주위를 도는 방식을 배우고 나서 천문학에 흥미를 갖게 되었다.

① astrology   ② astronomy   ③ asteroid   ④ astronaut

Q2. A large ___________ passed close to Earth last night but caused no damage.

어젯밤 커다란 소행성이 지구 근처를 지나갔지만 피해는 없었다.

① astrophysics   ② astronomy   ③ asteroid   ④ astrolabe

Q3. He studies ___________ to understand the forces that govern stars and galaxies.

그는 별과 은하를 지배하는 힘을 이해하기 위해 천체물리학을 공부한다.

① astronomy   ② astronautics   ③ astrobiology   ④ astrophysics

정답 : Q1. ② astronomy   Q2. ③ asteroid   Q3. ④ astrophysics

82. photo (빛)

그리스어 어원: phōs [포스] = light
→ 빛, 사진, 광학 등의 의미로 확장

---

photograph [포토그래프] n. 사진

어원 빛(photo) + 그리다(graph) → 빛으로 그린 것 → 사진

- He took a photograph of the sunset.

그는 일몰 사진을 찍었다.

photosynthesis [포토신서시스] n. 광합성

어원 빛(photo) + 합성(synthesis) → 빛을 이용한 합성 작용 → 광합성

- Plants use photosynthesis to make food.

식물들은 음식을 만들기 위해 광합성을 사용한다.

photogenic [포토제닉] adj. 사진이 잘 나오는

어원 빛(photo) + 생성하는(-genic) → 빛(사진)에 의해 잘 표현되는

→ 사진이 잘 나오는

- She is very photogenic.

그녀는 사진이 잘 나온다.

Q1. The artist captured the mountain's beauty in a single
____________.
그 예술가는 산의 아름다움을 한 장의 사진에 담았다.

① photograph ② photosynthesis ③ photogenic ④ photon

Q2. Without sunlight, plants cannot carry out ____________.
햇빛이 없으면 식물은 광합성을 할 수 없다.

① photography ② photogenic ③ photosynthesis ④ photonics

Q3. That actor is very ____________; every picture of him
looks great.
그 배우는 사진이 정말 잘 받아서 모든 사진이 멋지게 나온다.

① photographic ② photon-based ③ photosynthetic ④ photogenic

83. bene (좋은, 선한)

라틴어 어원: bene [베네] = good, well
→ 좋은, 유익한, 선행 등의 의미로 확장

---

benefit [베네핏] n. 이익, 혜택

어원 좋은(bene) + 행하다(fit) → 좋은 일을 행하는 것 → 이익, 혜택

- **Regular exercise has many health benefits.**
규칙적인 운동은 많은 건강상의 이익들을 가진다.

---

benevolent [베네벌런트] adj. 자비로운, 친절한

어원 좋은(bene) + 바라다(vol) + 상태(-ent) → 좋은 것을 바라는 상태 → 자비로운

- **She has a benevolent nature.**
그녀는 자비로운 성격을 가지고 있다.

---

benefactor [베네팩터] n. 후원자

어원 좋은(bene) + 행하는 사람(-factor) → 좋은 일을 행하는 사람 → 후원자

- **The school received a donation from a benefactor.**
그 학교는 후원자로부터 기부를 받았다.

174

Q1. One major ___________ of learning a second language is improved memory.

제2외국어를 배우는 주요 이점 중 하나는 기억력 향상이다.

① benefit   ② benefactor   ③ benevolent   ④ beneficiary

Q2. The kind and ___________ woman donated blankets to the homeless.

그 친절하고 자비로운 여성은 노숙자들에게 담요를 기부했다.

① beneficial   ② benevolent   ③ benefactor   ④ believable

Q3. A generous ___________ donated computers to the local library.

한 너그러운 후원자가 지역 도서관에 컴퓨터를 기부했다.

① benefit   ② benevolent   ③ benefactor   ④ finance

정답 : Q1. ① benefit   Q2. ② benevolent   Q3. ③ benefactor

175

84. brev (짧은)

라틴어 어원: **brevis** [브레비스] = **short, brief**
→ 짧은, 간결한, 간단한 등의 의미로 확장

---

brevity [브레비티] n. 간결함, 간략함

어원 짧은(brev) + 상태(-ity) → 짧은 상태 → 간결함, 간략함

• The professor praised the student's essay for its brevity and clarity.

교수는 학생의 논문이 간결하고 명확하다고 칭찬했다.

abbreviate [어브리비에이트] v. 축약하다, 단축하다

어원 ~쪽으로(ab) + 짧게 하다(brevi) + 행위(-ate) → 짧게 만드는 행위 → 축약하다, 단축하다

• Please abbreviate the long report into a one-page summary.

긴 보고서를 한 페이지 요약본으로 축약해 주세요.

brief [브리프] n. 요약 ; adj. 짧은 ; v. 간략하게 설명하다

어원 짧은(brev) + 상태(-f) → 짧은 상태 → 짧은, 요약, 간략하게 설명하다

• The lawyer gave a brief explanation of the legal process.
그 변호사는 법적 절차에 대한 간략한 설명을 했다.

Q1. The speaker's _________ was appreciated by the audience who had been sitting through long presentations all day.

하루 종일 긴 발표들을 들어온 청중들은 연사의 간결함을 높이 평가했다.

① clarity   ② brevity   ③ variety   ④ priority

Q2. To save space in the document, we need to _________ the company names and use shorter forms.

문서의 공간을 절약하기 위해 회사명들을 줄여서 더 짧은 형태로 사용해야 한다.

① elaborate   ② celebrate   ③ abbreviate   ④ demonstrate

Q3. Please give me a _________ summary of the meeting since I only have five minutes.

5분밖에 시간이 없으니 회의 내용을 간단히 요약해 주세요.

① brief   ② chief   ③ grief   ④ relief

85. press (누르다)

라틴어 어원: pressare [프레사레] = to press
→ 누르다, 압박하다, 강요하다 등의 의미로 확장

---

compress[컴프레스] v. 압축하다
어원 함께(com) + 누르다(press) → 함께 눌러 좁은 공간으로 만들다 → 압축하다

- The files were compressed into a zip folder.

그 파일들은 zip 폴더로 압축되었다.

---

depress[디프레스] v. 우울하게 하다
어원 아래로(de) + 누르다(press) → 아래로 누르다 → 우울하게 하다

- The dark weather depressed him.

그 어두운 날씨가 그를 우울하게 했다.

---

suppress[서프레스] v. 억누르다
어원 아래(sub/sup) + 누르다(press) → 아래로 완전히 눌러 막다 → 억누르다

- The police suppressed the protest.

경찰은 그 시위를 억압했다.

Q1. The lid should fit tightly to __________ the air out.
뚜껑은 공기를 빼내기 위해 꽉 맞아야 한다.

① depress　② compress　③ suppress　④ impress

Q2. The government tried to __________ the protest.
정부는 시위를 억제하려 했다.

① express　② suppress　③ compress　④ depress

Q3. The gloomy weather tends to __________ my mood.
우울한 날씨는 내 기분을 가라앉히는 경향이 있다.

① suppress　② compress　③ depress　④ impress

86. sol (태양)

라틴어 어원: sol [솔] = sun

→ 태양, 햇빛, 태양과 관련된 등의 의미로 확장

---

solar [솔러] adj. 태양의, 태양열의

어원 태양(sol) + 관련된(-ar) → 태양과 관련된 → 태양의, 태양열의

• Many homeowners are installing solar panels to reduce electricity costs.

많은 주택 소유자들이 전기 요금을 줄이기 위해 태양광 패널들을 설치하고 있다.

solstice [솔스티스] n. 하지/동지

어원 태양(sol) + 멈추다(stice) → 태양이 멈추는 때 → 하지/동지

• The summer solstice is the longest day of the year in the Northern Hemisphere.

하지는 북반구에서 한 해 중 가장 긴 날이다.

parasol [패러솔] n. 양산, 파라솔

어원 막다(para) + 태양(sol) → 태양을 막는 것 → 양산, 파라솔

• She used a colorful parasol to protect herself from the strong summer sun.

그녀는 강한 여름 햇빛으로부터 자신을 보호하기 위해 화려한 양산을 사용했다.

Q1. Installing ____________ panels can help reduce energy bills and carbon emissions.

태양광 패널 설치는 에너지 비용과 탄소 배출을 줄이는 데 도움이 될 수 있다.

① solstice   ② parasol   ③ solar   ④ solitude

Q2. The winter ____________ marks the shortest day and longest night of the year.

동지는 일 년 중 낮이 가장 짧고 밤이 가장 긴 날이다.

① parasol   ② solstice   ③ solar   ④ solution

Q3. She opened her __________ while walking on the beach to block the sunlight.

그녀는 햇빛을 가리기 위해 해변을 걸을 때 양산을 펼쳤다.

① parasol   ② solar   ③ solstice   ④ parallel

87. dorm (잠자다)

라틴어 어원: dormire [도르미레] = to sleep

→ 잠자다, 수면, 휴면 등의 의미로 확장

dormant [도먼트] adj. 휴면 상태의, 활동하지 않는

어원　자다(dorm) + 상태(-ant) → 자고 있는 상태 → 휴면 상태의, 활동하지 않는

• The volcano has been dormant for over a century, but scientists still monitor it.

그 화산은 한 세기 넘게 휴면 상태였지만, 과학자들은 여전히 그것을 모니터링하고 있다.

dormitory [도미토리] n. 기숙사, 공동 숙소

어원　자다(dorm) + 장소(-itory) → 자는 장소 → 기숙사, 공동 숙소

• The university is building a new dormitory to accommodate more students.

그 대학은 더 많은 학생들을 수용하기 위해 새로운 기숙사를 짓고 있다.

dormouse [도마우스] n. 잠쥐(설치류의 일종)

어원　자다(dorm) + 쥐(mouse) → 겨울에 자는 쥐 → 잠쥐

• The dormouse spends most of the winter hibernating in its nest.

그 잠쥐는 겨울 대부분을 그것의 둥지에서 동면하며 보낸다.

Q1. The university plans to expand its ___________ to house more first-year students.

그 대학은 더 많은 신입생들을 수용하기 위해 기숙사를 확장할 계획이다.

① dormouse ② dormitory ③ dormant ④ domain

Q2. Although the volcano is currently ___________, it still poses a potential threat.

그 화산은 현재는 휴면 상태이지만 여전히 잠재적 위협이 된다.

① dormitory ② dormant ③ dormouse ④ duration

Q3. The ___________ is known for sleeping up to seven months during winter.

잠쥐는 겨울 동안 최대 7개월 동안 잠을 자는 것으로 알려져 있다.

① dormitory ② dormant ③ dormouse ④ domestic

정답 : Q1. ② dormitory   Q2. ② dormant   Q3. ③ dormouse   **183**

88. flu/flux (흐르다)

라틴어 어원: fluere [플루에레] = to flow
→ 흐르다, 유동적인, 변화하는 등의 의미로 확장

---

fluid [플루이드] n. 유체 ; adj. 유동적인
어원　흐르다(flu) + 상태(-id) → 흐르는 상태 → 유체, 유동적인

• Water is the most common example of a fluid in our daily lives.

물은 우리 일상 생활에서 가장 흔한 유체의 예이다.

influence [인플루언스] n. 영향 ; v. 영향을 미치다
어원　안으로(in) + 흐르다(flu) + 상태(-ence) → 안으로 흘러들어오는 것 → 영향, 영향을 미치다

• Parents have a strong influence on their children's development.

부모들은 그들의 자녀들의 발달에 강한 영향을 미친다.

fluctuate [플럭추에이트] v. 변동하다, 오르내리다
어원　흐르다(fluct) + 행위(-uate) → 오르내리며 흐르다 → 변동하다, 오르내리다

• Stock prices tend to fluctuate based on market conditions.

주가는 시장 상황에 따라 변동하는 경향이 있다.

Q1. The doctor advised him to increase his __________ intake to prevent dehydration during the hot summer months.
의사는 더운 여름철 탈수를 방지하기 위해 수분 섭취량을 늘리라고 그에게 조언했다.

① solid　　② fluid　　③ rigid　　④ rapid

Q2. Her positive attitude and leadership skills have a strong __________ on her team's performance.
그녀의 긍정적인 태도와 리더십 기술은 팀의 성과에 강한 영향을 미친다.

① difference　　② preference　　③ influence　　④ reference

Q3. Stock prices tend to __________ based on market conditions and investor sentiment.
주식 가격은 시장 상황과 투자자 심리에 따라 변동하는 경향이 있다.

① calculate　　② fluctuate　　③ graduate　　④ regulate

정답 : Q1. ② fluid　Q2. ③ influence　Q3. ② fluctuate　　**185**

89. graph/gram (쓰기, 기록)

그리스어 어원: graphein [그라페인] = to write, to record
→ 쓰다, 기록하다, 그리다 등의 의미로 확장

autograph [오토그래프] n. 자필 서명

어원 자신(auto) + 쓰다(graph) → 자신이 직접 쓴 것 → 자필 서명

• The fans waited for hours to get the celebrity's autograph after the concert.

그 팬들은 콘서트 후에 그 유명인의 자필 서명을 받기 위해 몇 시간 동안 기다렸다.

grammar [그래머] n. 문법

어원 쓰다/그리다(gram) + 도구/학문(-mar) → 쓰는 규칙 → 문법

• Learning proper grammar is essential for effective written communication.

효과적인 서면 의사소통을 위해 올바른 문법을 배우는 것은 필수적이다.

biography [바이오그래피] n. 전기, 일대기

어원 생명/삶(bio) + 쓰다(graph) + 상태(-y) → 삶에 대해 쓴 것 → 전기, 일대기

• She's currently reading a biography of Marie Curie, the famous scientist.

그녀는 현재 유명한 과학자 마리 퀴리의 전기를 읽고 있다.

QUIZ> 우리말 해석과 일치하도록 빈칸에 알맞은 단어를 고르세요.

Q1. After the game, the athlete gave each fan a(n) ___________ on their posters.

경기 후, 그 운동선수는 팬들의 포스터에 자필 서명을 해주었다.

① biography　　② autograph　　③ grammar　　④ photograph

Q2. Understanding basic ______________ helps improve both writing and speaking skills.

기초 문법을 이해하는 것은 글쓰기와 말하기 능력을 향상시키는 데 도움이 된다.

① grammar　　② autograph　　③ biography　　④ graphic

Q3. The book is a detailed ___________ of a World War II hero.

그 책은 2차 세계대전 영웅에 대한 상세한 전기이다.

① grammar　　② autograph　　③ biography　　④ autograph

90. form (형태, 형성하다)

라틴어 어원: forma [포르마] = shape, form
→ 형태, 구성하다, 만들다 등의 의미로 확장

transform[트랜스폼] v. 변형시키다

어원 가로지르다(trans) + 형태(form) → 형태를 가로질러 바꾸다 → 변형시키다

- The caterpillar transforms into a butterfly.

그 애벌레는 나비로 변형된다.

reform[리폼] n. 개혁 ; v. 개혁하다

어원 다시(re) + 형태(form) → 형태를 다시 만들다 → 개혁하다

- The government promised tax reform.

그 정부는 세제 개혁을 약속했다.

conform[컨폼] v. 순응하다, 따르다

어원 함께(con) + 형태(form) → 형태를 함께 맞추다 → 순응하다, 따르다

- He tried to conform to social norms.

그는 사회 규범에 순응하려 했다.

Q1. The caterpillar will __________ into a butterfly during its life cycle.
애벌레는 생애 주기 중에 나비로 변한다.

① conform　② reform　③ transform　④ inform

Q2. They decided to ____________ the system to increase efficiency.
그들은 효율성을 높이기 위해 시스템을 개혁하기로 했다.

① deform　② conform　③ transform　④ reform

Q3. His ideas didn't _________ to the company's culture.
그의 생각은 회사 문화에 맞지 않았다.

① deform　② conform　③ reform　④ inform

정답 : Q1. ③ transform　Q2. ④ reform　Q3. ② conform　**189**

91. bell (전쟁)

라틴어 어원: **bellum** [벨룸] = **war**

→ 전쟁, 싸움, 분쟁 등의 의미로 확장

---

belligerent [벨리저런트] adj. 호전적인, 호전성의

어원   전쟁(belli) + 수행하는(ger) + 상태(-ent) → 전쟁을 수행하는 상태 → 호전적인

• The belligerent tone of his speech alarmed the international community.

그의 연설의 호전적인 어조는 국제 사회를 놀라게 했다.

rebellion [리벨리언] n. 반란, 저항

어원   다시(re) + 전쟁(bell) + 행동(-ion) → 다시 전쟁을 일으키는 행동 → 반란, 저항

• The government quickly suppressed the rebellion in the southern province.

그 정부는 남부 지방의 반란을 신속하게 진압했다.

antebellum [앤티벨럼] adj. 전쟁 이전의

어원   이전의(ante) + 전쟁(bell) + 상태(-um) → 전쟁 이전의 상태 → 전쟁 이전의

• The antebellum architecture of the southern United States reflects the style of that era.

미국 남부의 전쟁 이전 건축양식은 그 시대의 양식을 반영한다.

Q1. His ____________ behavior made it difficult to reach a peaceful agreement.

그의 호전적인 행동은 평화로운 합의에 도달하는 것을 어렵게 만들었다.

① rebellion   ② belligerent   ③ antebellum   ④ benevolent

Q2. The novel is set in the ____________ South, before the American Civil War.

그 소설은 미국 남북전쟁 이전의 남부를 배경으로 하고 있다.

① rebellious   ② belligerent   ③ antebellum   ④ postwar

Q3. The army was sent to crush the growing ____________ in the region.

군대는 그 지역에서 커지고 있는 반란을 진압하기 위해 파견되었다.

① belligerence   ② rebellion   ③ antebellum   ④ revolutionize

92. luna (달)

라틴어 어원: luna [루나] = moon
→ 달, 월광, 월면 등의 의미로 확장

---

lunar [루너] adj. 달의, 달과 관련된

어원 달(lun) + 관련된(-ar) → 달과 관련된 → 달의, 달과 관련된

• The lunar surface is covered with craters.

달 표면은 분화구로 덮여 있다.

---

lunatic [루너틱] n. 정신 이상자 ; adj. 미친

어원 달(lun) + 관련된(-atic) → 달의 영향을 받는다고 여겨진 → 정신 이상자, 미친

• In the past, people believed that lunatics were affected by the phases of the moon.

과거에는 사람들이 정신 이상자가 달의 변화에 영향을 받는다고 믿었다.

sublunar [서블루너] adj. 달 아래의, 지상의

어원 아래(sub) + 달(lunar) → 달 아래에 있는 → 달 아래의, 지상의

• All sublunar things are subject to change.

모든 지상의 것들은 변화의 대상이다.

Q1. The astronauts collected rocks from the __________ surface for research.

우주비행사들은 연구를 위해 달 표면에서 암석을 수집했다.

① lunatic   ② sublunar   ③ lunar   ④ solar

Q2. Ancient philosophers believed that only __________ things were temporary, while heavenly bodies were eternal.

고대 철학자들은 지상의 것만이 일시적이고, 천체는 영원하다고 믿었다.

① lunar   ② lunatic   ③ sublunar   ④ luminous

Q3. In some old cultures, a(n) __________ was thought to be controlled by the moon.

일부 고대 문화에서는 정신 이상자가 달에 의해 지배된다고 여겨졌다.

① lunatic   ② lunar   ③ sublunar   ④ astrology

93. cand (빛나다)

라틴어 어원: candere [칸데레] = to shine, to glow
→ 빛나다, 반짝이다, 하얗게 빛나다 등의 의미로 확장

candle [캔들] n. 양초

어원 빛나다(cand) + 도구(-le) → 빛을 내는 도구 → 양초

• They lit a candle during the power outage to see in the dark.

그들은 어둠 속에서 보기 위해 정전 동안 양초를 켰다.

candid [캔디드] adj. 솔직한, 꾸밈없는

어원 빛나다(cand) + 상태(-id) → 밝고 투명한 상태 → 솔직한, 꾸밈없는

• I appreciate her candid feedback on my presentation.

나는 내 발표에 대한 그녀의 솔직한 피드백에 감사한다.

candidate [캔디데이트] n. 후보자

어원 하얀(cand) + 사람(-idate) → 흰 옷을 입은 사람(로마 시대 공직 후보자) → 후보자

• There are three candidates running for the position of class president.

학급 회장 직책에 출마하는 세 명의 후보자가 있다.

Q1. We lit a __________ when the lights went out during the storm.

폭풍우로 정전이 되자 우리는 양초를 켰다.

① candidate   ② candle   ③ candid   ④ chandelier

Q2. She gave a __________ response, without hiding her true opinion.

그녀는 자신의 진짜 의견을 숨기지 않고 솔직하게 대답했다.

① candid   ② candle   ③ candidate   ④ careful

Q3. Each __________ gave a short speech before the student council vote.

각 후보자는 학생회 투표 전에 짧은 연설을 했다.

① candle   ② candid   ③ candidate   ④ campaign

94. mir (보다, 놀라다)

라틴어 어원: **mirari [미라리] = to wonder, to admire**
→ 경이롭게 여기다, 감탄하다, 놀라다 등의 의미로 확장

admire [어드마이어] v. 감탄하다, 존경하다

어원　~쪽으로(ad) + 감탄하다(mir) → 감탄하며 바라보다 → 감탄하다, 존경하다

- I truly admire her dedication to helping others.

나는 그녀의 이타적인 헌신에 진심으로 감탄한다.

miracle [미러클] n. 기적

어원　감탄하다(mir) + 명사형 접미사(-acle) → 감탄할 만한 것 → 기적

- It was a miracle that he survived the accident.

그가 그 사고에서 살아남은 것은 기적이었다.

admiration [애드머레이션] n. 감탄, 찬양

어원　감탄하다(admire) + 명사형 접미사(-ation) → 감탄하는 마음 → 감탄, 찬양

- The audience expressed their admiration with a standing ovation.

관객들은 기립 박수로 감탄을 표했다.

Q1. I truly ___________ her dedication to helping others.

나는 그녀의 이타적인 헌신에 진심으로 감탄한다.

① admire   ② mirror   ③ marvel   ④ adore

Q2. It was a(n) _____________ that the child survived the accident.

그 아이가 사고에서 살아남은 것은 기적이었다.

① admire   ② admiration   ③ miracle   ④ miraculous

Q3. The audience expressed their _____________ with a standing ovation.

관객들은 기립 박수로 감탄을 표했다.

① admire   ② admiration   ③ miracle   ④ marvel

95. min (작은)

라틴어 어원: minuere [미누에레] = to lessen, reduce
→ 작은, 감소시키다, 최소화하다 등의 의미로 확장

---

diminish[디미니시] v. 줄어들다, 감소하다

어원　아래로(di) + 작아지다(min) + 행위(-ish) → 아래로 작아지게 하는 행위 → 줄어들다

• The pain gradually diminished.

통증은 점차 줄어들었다.

---

minimize[미니마이즈] v. 최소화하다

어원　가장 작은(mini) + 만들다(-ize) → 가장 작게 만들다 → 최소화하다

• We must minimize the risk.

우리는 위험을 최소화해야 한다.

---

minute[미닛/마이뉴트] n. 분 ; adj. 아주 작은

어원　작은(min) + 상태(-ute) → 작은 시간 단위/작은 상태 → 분, 아주 작은

• There were minute differences in the samples.

그 샘플들에는 아주 미세한 차이들이 있었다.

Q1. The company's reputation began to ___________ after the scandal was revealed to the public.

스캔들이 대중에게 알려진 후 회사의 평판은 떨어지기 시작했다.

① flourish   ② nourish   ③ diminish   ④ establish

Q2. To ___________ the risk of accidents, all workers must wear safety equipment at the construction site.

사고 위험을 최소화하기 위해 모든 작업자들은 건설 현장에서 안전 장비를 착용해야 한다.

① maximize   ② minimize   ③ emphasize   ④ organize

Q3. The scientist examined the ___________ details of the specimen under a powerful microscope.

과학자는 강력한 현미경으로 표본의 미세한 세부사항들을 조사했다.

① minute   ② remote   ③ acute   ④ absolute

정답 : Q1. ③ diminish   Q2. ② minimize   Q3. ① minute   199

96. nat/nasc (태어나다)

라틴어 어원: nasci [나스키] = to be born
→ 태어나다, 발생하다, 기원 등의 의미로 확장

---

native[네이티브] adj. 태어난 곳의, 원주민의
어원　태어나다(nat) + 관련된(-ive) → 태어남과 관련된 → 태어난 곳의, 원주민의

• She is a native speaker of French.

그녀는 프랑스어 원어민이다.

---

innate[이네이트] adj. 타고난
어원　안에(in) + 태어나다(nat) + 상태(-e) → 안에서 태어난 상태 → 타고난

• He has an innate talent for music.

그는 음악에 대한 타고난 재능이 있다.

---

nascent[네이슨트] adj. 초기의, 발생하려는
어원　태어나다(nasc) + 과정(-ent) → 태어나는 과정에 있는 → 초기의, 발생하려는

• The nascent industry is growing quickly.

그 신생 산업은 빠르게 성장하고 있다.

Q1. She moved to France when she was young, but English remains her __________ language.

그녀는 어릴 때 프랑스로 이주했지만, 영어는 여전히 그녀의 모국어이다.

① active　② native　③ creative　④ negative

Q2. Some psychologists believe that certain behaviors are __________ rather than learned through experience.

일부 심리학자들은 특정 행동들이 경험을 통해 학습되는 것이 아니라 타고난 것이라고 믿는다.

① ultimate　② climate　③ innate　④ create

Q3. The ____________ technology industry in this region shows great potential for future growth.

이 지역의 신생 기술 산업은 미래 성장에 대한 큰 잠재력을 보여준다.

① ancient　② recent　③ current　④ nascent

정답 : Q1. ② native　Q2. ③ innate　Q3. ④ nascent

97. luc/lum/lus (빛)

라틴어 어원: lux, lucis [룩스] = light
→ 빛, 밝히다, 조명 등의 의미로 확장

---

illuminate[일루미네이트] v. 밝히다, 설명하다

어원   안으로(il-) + 빛(lumin) + 행위(-ate) → 빛을 안으로 비추는 행위 → 밝히다

• The candles illuminated the room.

그 촛불들이 그 방을 밝혔다.

lucid[루시드] adj. 명료한, 밝은

어원   빛(luc) + 상태(-id) → 빛이 있는 상태 → 명료한

• Her explanation was clear and lucid.

그녀의 설명은 명확하고 이해하기 쉬웠다.

translucent[트랜슬루슨트] adj. 반투명한

어원   통과하다(trans) + 빛(luc) + 상태(-ent) → 빛이 통과하는 상태 → 반투명한

• The translucent curtain let in soft light.

그 반투명한 커튼은 부드러운 빛을 들여보냈다.

Q1. The moonlight __________ the path through the forest.
달빛이 숲 속 길을 밝혀 주었다.

① illuminated　② isolated　③ fascinated　④ penetrated

Q2. Her explanation was so clear and __________.
그녀의 설명은 매우 명확하고 이해하기 쉬웠다.

① elusive　② inclusive　③ lucid　④ logical

Q3. The curtains were __________, allowing some light to pass through.
그 커튼은 반투명해서 약간의 빛이 통과했다.

① transparent　② translucent　③ luminous　④ lucid

98. mand (명령하다)

라틴어 어원: mandare [만다레] = to order, command

→ 명령하다, 위임하다, 요구하다 등의 의미로 확장

command[커맨드] v. 명령하다, 지휘하다

어원 함께(com) + 명령하다(mand) → 함께 명령을 주다 → 명령하다

• The general commanded the troops.

그 장군이 그 부대를 지휘했다.

demand[디맨드] v. 요구하다

어원 아래로(de) + 명령하다(mand) → 아래로 향해 강하게 명령하다 → 요구하다

• The workers demanded better conditions.

노동자들은 더 나은 조건을 요구했다.

mandatory[맨더토리] adj. 의무적인

어원 명령하다(mand) + 관련된(-atory) → 명령과 관련된 → 의무적인

• Wearing helmets is mandatory.

헬멧 착용은 의무적이다.

Q1. Wearing seat belts is __________ in many countries.

많은 나라에서 안전벨트 착용은 의무이다.

① mandatory　② optional　③ legal　④ proper

Q2. The teacher tried to __________ silence in the classroom.

선생님은 교실 내 정숙을 명령하려 했다.

① recommend　② demand　③ command　④ remand

Q3. They strongly __________ better working conditions.

그들은 더 나은 근무 조건을 강력히 요구했다

① demanded　② commended　③ commanded　④ recommended

99. dem (사람들)

그리스어 어원: demos [데모스] = the people
→ 사람들, 민중, 대중 등의 의미로 확장

---

democracy [디마크러시] n. 민주주의
어원 사람들(demo) + 통치(-cracy) → 사람들에 의한 통치 → 민주주의

• Many countries have adopted democracy as their form of government.

많은 국가들이 민주주의를 그들의 정부 형태로 채택했다.

epidemic [에피데믹] n. 전염병, 유행병
어원 위에(epi) + 사람들(dem) + 관련된(-ic) → 사람들 위에 퍼진 것 → 전염병, 유행병

• The government took swift action to contain the epidemic.

정부는 전염병을 억제하기 위해 신속한 조치를 취했다.

demographic [데모그래픽] adj. 인구통계학적 ; n. 인구통계
어원 사람들(demo) + 기록하다(graph) + 관련된(-ic) → 인구에 관한 기록 → 인구통계학적, 인구통계

• The company conducted a survey to understand the demographic profile of their customers.

그 회사는 그들의 고객들의 인구통계학적 프로필을 이해하기 위해 설문 조사를 실시했다.

Q1. The country transitioned from a dictatorship to a(n) __________ in the 20th century.

그 나라는 20세기에 독재정치에서 민주주의로 전환했다.

① democracy ② demographic ③ epidemic ④ aristocracy

Q2. The flu __________ spread quickly through schools and offices.

그 독감 유행병은 학교와 사무실을 빠르게 퍼져나갔다.

① democracy ② demographic ③ epidemic ④ pandemic

Q3. We analyzed the __________ data to identify our target audience.

우리는 목표 고객층을 파악하기 위해 인구통계 자료를 분석했다.

① democracy ② demographic ③ epidemic ④ democracy

100. ignis (불)

라틴어 어원: ignis [이그니스] = fire
→ 불, 연소, 점화 등의 의미로 확장

---

ignite [이그나이트] v. 점화하다, 불을 붙이다
어원   불(ign) + 행위(-ite) → 불을 일으키는 행위 → 점화하다

• The spark ignited the gasoline fumes.

그 불꽃이 휘발유 증기를 점화시켰다.

---

ignition [이그니션] n. 점화, 발화
어원   불(ign) + 행위/상태(-ition) → 불을 일으키는 행위나 과정 → 점화, 발화

• The car's ignition system needs repair.

그 자동차의 점화 시스템이 수리가 필요하다.

---

igneous [이그니어스] adj. 화성의, 불의 작용에 의해 생성된
어원   불(ign) + 특성(-eous) → 불의 특성을 가진 → 화성의, 불의 작용에 의해 생성된

• Basalt is an igneous rock formed from cooled lava.

현무암은 식은 용암으로 형성된 화성암이다.

Q1. A single spark was enough to ___________ the dry forest during the drought season.
가뭄철에는 마른 숲에 불을 붙이기에 작은 불꽃 하나로도 충분했다.

① ignite   ② invite   ③ unite   ④ excite

Q2. The car wouldn't start because there was a problem with the __________ system.
점화 시스템에 문제가 있어서 자동차가 시동이 걸리지 않았다.

① ignition   ② fiction   ③ addition   ④ position

Q3. Granite is an example of ___________ rock formed from cooled and solidified magma.
화강암은 냉각되고 굳어진 마그마로 형성된 화성암의 한 예이다.

① sedimentary   ② igneous   ③ metamorphic   ④ precious

수능어원사전

ⓒ정승익

초판 1쇄 인쇄 | 2025년 6월 20일

지은이 | 정승익

편집인 | 김진호

디자인 | 주서윤

마케팅 | 네버기브업

펴낸곳 | 네버기브업

ISBN | 979-11-94600-40-4(03740)

이메일 | nevernevergiveup2024@gmail.com